CB019935

© 2021, Buzz Editora
© 2021, Elaine Garau

Publisher ANDERSON CAVALCANTE
Editora TAMIRES VON ATZINGEN
Assistente editorial JOÃO LUCAS Z. KOSCE
Preparação LEANDRO RODRIGUES
Revisão CRISTIANE MARUYAMA, LARISSA WOSTOG
Projeto gráfico ESTÚDIO GRIFO
Assistentes de design FELIPE REGIS, NATHALIA NAVARRO

Nesta edição, respeitou-se o novo Acordo Ortográfico da Língua Portuguesa.

Dados Internacionais de Catalogação na Publicação (CIP)
de acordo com ISBD

G212j
Garau, Elaine
A jornada do mestre: histórias de professores comuns que se dedicam ao extraordinário / Elaine Garau
São Paulo: Buzz, 2021
144 pp.

ISBN 978-65-89623-45-8

1. Educação. 2. Professores. I. Título.

2021-3164   CDD 370 / CDU 37

Elaborado por Vagner Rodolfo da Silva   CRB-8/9410

Índices para catálogo sistemático:
1. Educação 370
2. Educação 37

Todos os direitos reservados à:
Buzz Editora Ltda.
Av. Paulista, 726 – mezanino
CEP: 01310-100 – São Paulo / SP
[55 11] 4171 2317 | 4171 2318
contato@buzzeditora.com.br
www.buzzeditora.com.br

A JORNADA DO MESTRE

Histórias de professores comuns que se dedicam ao extraordinário

Aos que ensinam
Aos que aprendem
Aos que transformam

9	Introdução
15	Qual é a melhor maneira de ler este livro?
21	**Histórias que transformam a vida da gente**
22	OSVALDO FERNANDO MOREIRA
34	HELEY DE ABREU SILVA BATISTA
44	MARLY SCHIAVINI DE CASTRO
54	EUNIR ALVES MOREIRA DE FARIA
62	LUIZ FELIPE LINS
74	DÉBORA ARAÚJO SEABRA DE MOURA
82	JANETE MANDELBLATT
92	LUIZ HENRIQUE ROSA
100	LAYSA CAROLINA MACHADO
112	CLEITON MARINO SANTANA
121	**Você também é uma pessoa Inspiradora!**
131	Reflexão
135	Como os professores foram escolhidos
139	Agradecimentos
141	Referências

INTRODUÇÃO

Nasci em uma família de professoras.

Léa, minha mãe, vivia em uma cidadezinha de interior. Aos 17 anos, andava quilômetros a pé, por sítios e plantações, para ensinar o que sabia a crianças que tinham ainda menos acesso ao conhecimento que ela. O pouco que ganhava como remuneração pelas aulas ela entregava a seus pais, que estavam sempre às voltas com dificuldades financeiras – que se agravavam à chegada de cada um dos onze filhos.

Um dia, sonhou alto. Pensou no outro. Compraria um sofá para que o pai pudesse ter um pouco de descanso. Trocados já contados e compra feita, pediu que colocassem o móvel na sala e aguardou ansiosa, talvez por um abraço ou por um raro sinal de reconhecimento.

Meu avô entrou em casa e, indignado com o gasto extra, passou o mês seguinte sem sequer olhar para minha mãe. Nunca sentou no sofá. Nunca. Dona Léa, quando conta essa história, releva a atitude do pai, como só consegue quem traz no coração um tanto de amor e saudade: "Seu avô era um homem do campo, minha filha. Se preocupava com o sustento da família. Achou que o sofá era desnecessário, quase uma afronta. Mas era um bom homem, um bom pai. Era até músico, maestro da banda da cidade, veja só".

Eu entendo e honro meu avô; mas, sempre que penso na história, choro. Todas as vezes. Choro agora, enquanto a conto pra vocês. Imagino a adolescente economizando moedas, a euforia de fazer algo na expectativa pela alegria do outro. A espera. E a frustração. Mais do que imaginar, eu sinto.

Na família de meu pai, filha mulher já nascia com futuro traçado: "Vai ser professora", dizia meu outro avô, que, apesar de não ter frequentado a escola, fazia questão de que todos os filhos saíssem de casa, ainda bem novos, para estudar na "cidade grande". De onde ele tirou tamanha sabedoria, não sei dizer. Naquele tempo, fazer questão de estudo, principalmente para as filhas moças, era coisa rara.

O fato é que os cinco meninos seguiram por profissões diversas. E Esther, Ivete, Elisabeth e Marly se tornaram, após anos no internato e para orgulho dos pais, professoras. Edna foi a única a "fugir da profecia" e se tornou enfermeira – e eu tenho certeza de que esse desvio do magistério foi apenas um sopro de amor de Deus para que ela pudesse, anos depois, ensinar meu pai a aplicar injeções diárias que salvaram minha vida quando eu ainda era um bebê.

Eu mesma também vivi a alegria de dar aulas em uma faculdade de jornalismo. Meus alunos viraram meus amigos e, assim como aprenderam, muito me ensinaram.

No entanto, sei que para muitos professores não é assim. Ou, pelo menos, não é só assim. A profissão que possibilita o surgimento de todas as outras nem sempre é valorizada como merece. Não raramente, professores são desrespeitados por alunos, pais, governo. Sem falar da falta de incentivo, de treinamento, de boas condições de trabalho; e dos baixos salários que a maioria se vê forçada a aceitar porque é preciso sobreviver.

Este livro começou a ser escrito em 2020 – o primeiro ano da pandemia de covid-19. O ano em que ficar próximo de alguém virou um risco. Com as escolas fechadas, os professores encararam um novo desafio, que se mostrou mais complexo do que o imaginado inicialmente: comandaram as turmas a distância, cada aluno na própria casa, unidos em aplicativos on-line. Pegos de surpresa, sem preparo, sem treinamento, sem os equipamentos adequados, superaram-se, reinventaram o ensinar. Mais uma vez foram comandantes às cegas de uma revolução.

Mas o livro não é sobre tristeza ou percalços, apesar de eles estarem presentes nas histórias aqui contadas. É sobre amor e valorização. Os professores que me trouxeram inspiração, em especial os que dividiram comigo suas histórias, têm em comum o amor pelos alunos, por compartilhar conhecimentos e, principalmente, pelo poder transformador do ensino. Pessoas precisam de pessoas. Pessoas transformam pessoas. É nisso que todos nós acreditamos.

Este livro foi escrito a infinitas mãos: as mãos da tia Cleuza, minha primeira professora; as da tia Mirella, primeira professora do meu filho; as do professor Rafael, que orientou minha dissertação no mestrado; as de minha mãe, as de minhas tias, as dos professores por meio dos quais todos eles aprenderam.

As minhas mãos, durante o processo, por várias vezes saíram do teclado do *notebook* para se unir em prece e gratidão. Eu me emocionei enquanto me imaginava no lugar das pessoas que compartilham aqui suas vidas: o menino que, aos

13 anos, perdeu os movimentos do corpo e a visão, e fez das limitações obstáculos vencidos; a professora que, prestes a perder o emprego aos 60 anos, enfrentou com coragem um desafio que jamais havia sequer considerado; o professor que sonhou usar a matemática para mudar a vida de jovens... e conseguiu.

Quero reverenciar, aplaudir, e pegar cada um deles no colo.

Comecei a escrever este livro para contar histórias extraordinárias que inspirassem outras pessoas. Jamais conseguiria imaginar o impacto que elas trariam à minha própria vida. "Onde essas pessoas encontraram tanta coragem?", "Como desenvolveram tamanha disponibilidade de entrega?", eu me perguntava enquanto escrevia. As histórias me transformaram. De repente, continuar como editora de telejornais policiais, cargo que exerço há mais de trinta anos, me pareceu inviável. De tanto querer respirar novos ares, perdi o meu próprio ar. Literalmente, me faltou o fôlego, como se algo me forçasse a buscá-lo para dar sentido a minha existência.

A você, que vai começar a ler este livro, minha mais profunda gratidão. Aos que o compraram para dar de presente e reconhecer o talento de alguém, minha alegria. Aos que lhe abriram o coração e a alma, saibam que vocês agora também fazem parte de mim.

Sinto que agora estamos todos, juntos, sentados no sofá cheio de afeto que minha mãe deu a meu avô.

Reconhecimento. Gratidão.

Ser professor vai além de ensinar os conteúdos da disciplina que escolhemos lecionar; é o ato mais sublime de altruísmo. É doar o seu conhecimento de forma que todos aprendam tanto ou mais do que você mesmo sabe.

PROFESSOR NOSLEN BORGES DE OLIVEIRA

QUAL É A MELHOR MANEIRA DE LER ESTE LIVRO?

Do jeitinho e na ordem que você preferir.

As histórias dos dez professores homenageados aqui (por meio das quais homenageamos todos os profissionais da área da educação) são totalmente independentes uma das outras e foram ordenadas de maneira aleatória.

Seis desses relatos foram escritos com a colaboração ativa dos "personagens principais". Os professores enviaram fotos, textos, áudios, e foram muito solícitos e generosos ao compartilhar um pouco de suas conquistas, seus métodos, sua vida, incluindo relatos sobre os desafios, as próprias inseguranças e a força para dar a volta por cima quando necessário.

Quatro histórias são resultado da imaginação – e da interpretação – que eu fiz de acontecimentos reais. Alguns trechos, inclusive, são inspirados em informações que foram divulgadas em veículos de comunicação.

Depois de cada uma das histórias, há um questionamento, que você também pode responder no momento que achar mais adequado: logo após a leitura do trecho, ainda sob a emoção dos fatos; ao final do livro, para relembrar cada um dos relatos; ou quando a vontade aparecer de maneira inesperada.

Se preferir, pode nem responder. As histórias aqui contadas são, por si mesmas, fonte de motivação e aprendizado. Não há regras, e a intenção é que a leitura seja saborosa e inspiradora.

As citações que antecedem os capítulos foram enviadas por professores que trabalham em diversas regiões do Brasil (você encontra informações sobre eles na seção de referências, no final do livro).

Tenho certeza de que as palavras e os sentimentos registrados aqui motivarão transformações para a vida profissional e pessoal dos leitores, mesmo para quem optar por não se dedicar aos exercícios propostos.

Mas o título do capítulo pergunta qual seria a *melhor* maneira de ler este livro. Eu posso lhe contar como ele foi pensado e dar apenas a minha sugestão, lembrando que cada processo, assim como cada pessoa, é único.

Sou suspeita para falar, porque costumo ler com uma caneta e um marca-texto ao lado. Meus livros são cheios de riscos, frases sublinhadas, anotações nas laterais, setas apontando para todos os lados e *post-its* coloridos colados nos trechos que considero mais impactantes. Gosto de pegá-los de tempos em tempos e reler as observações que fiz. Muitas vezes me surpreendo ao relembrar o que pensei ou senti ao "customizar" a leitura (e amo a sensação de também ter participado do processo de criação daquele livro, mesmo que o autor nem faça ideia disso!).

Meu desejo é que este seja o NOSSO LIVRO. Foi assim e para isso que o escrevi; para que também seja transformado durante o processo de transformação pessoal que ele propõe. Minha sugestão, portanto, é que você deixe que fluam os sentimentos, as sensações e ideias após a leitura de cada história. Escreva, risque, desenhe, responda... e até faça novos questionamentos (adoraria ver alguns desses livros com todas as intervenções de vocês! Quanta energia! Quanta troca!).

Quando estiver se aproximando do final, você certamente, assim como eu, já terá se apaixonado pelos personagens da vida real que inspiraram este livro. Será então a hora de responder às perguntas mais específicas, em um espaço dedicado às experiências de outro profissional da educação extremamente inspirador:

Será a hora de deixar registrada a SUA história.

Muitos de vocês, eu sei, têm noção da importância da profissão que exercem, do papel que desempenham, do exemplo que são para os estudantes e para aqueles que convivem com eles.

Outros, ainda estão descobrindo isso. Por se sentirem subvalorizados, sobrecarregados, talvez por se encontrarem em um momento de acomodação, acabam esquecendo quanto propósito há no ato de ensinar. E, antes que tenham tempo de responder que não fazem nada de inspirador, que nunca transformaram a vida de alguém, eu queria dar dois exemplos simples, até meio ingênuos, que mostram quanto poder existe nas palavras e atitudes de um professor, e que aconteceram bem pertinho, em casa mesmo, com meu próprio filho.

O primeiro deles ocorreu quando ele ainda estava na pré-escola. Gabriel era uma daquelas crianças que não aceitam quase nenhum alimento. Mas ele amava queijo! Todos os dias, na lancheira, suco de uva e queijo palitinho eram a garantia de que ele estaria pelo menos alimentado. Até que a professora brincou: "Biel, Biel... parece até um ratinho!". Nunca mais ele aceitou levar queijo na merenda; aliás, parou de comer na escola.

O segundo exemplo foi no ano de sua preparação para o Exame Nacional do Ensino Médio (ENEM). Apesar de ser um leitor voraz desde criancinha, Gabriel sempre teve bloqueio para escrever e vivia se lamentando de quão péssimo era em redação. Para ele, era um tormento real ter que redigir. Foi então que uma das professoras mencionou (em particular e apenas uma vez) o quanto Gabriel escrevia bem e tinha um raciocínio surpreendente. A mudança foi imediata e notável. Quando o resultado do Enem saiu, foi justamente a nota de redação que o ajudou a ter uma das primeiras colocações em um dos cursos mais concorridos da Universidade Federal. Não tenho dúvidas de que aquela professora, com um elogio sensível, necessário e coerente, transformou a vida do meu filho.

Deixo algumas perguntas para finalizar:

Que palavras você tem dito? Que palavras você ainda pode dizer?

Um professor é capaz de influenciar um aluno, uma turma ou várias delas, com grandes ações ou com os mais simples gestos. E, como uma onda ininterrupta de ações e doações, cada um desses alunos é agente de transformação de realidade para uma família, uma comunidade... Os que ensinam se perpetuam quando o conhecimento é compartilhado. Sem os mestres não haveria médicos, policiais, pilotos de avião, gerentes de banco. Sem os mestres, eu não poderia escrever este texto.

Esta homenagem em forma de livro é dedicada aos professores e também aos demais profissionais envolvidos com a educação: diretores, zeladores, os que trabalham na secretaria, na biblioteca, porteiros, merendeiras, gestores... e aos pais e outros responsáveis pelos alunos. Sabemos que um bom trabalho se faz em equipe e que, para que as verdadeiras transformações aconteçam, é preciso o esforço de muitos.

Que histórias você tem criado? Que histórias você ainda pode criar?

Espero que este livro ajude você a responder.

O amor e a vontade de aprender, somar e multiplicar conhecimentos são o que me move como professora.

PROFESSORA TATIANE ALVES DOS SANTOS

HISTÓRIAS QUE TRANSFORMAM A VIDA DA GENTE

OSVALDO FERNANDO MOREIRA

O menino que não anda e não vê tocou o coração do menino que não fala.

Osvaldo Fernando tinha 13 anos e a vida toda planejada. Nota baixa, nunca tirou. Não era de birra, não se envolvia em confusão, nem umazinha, que pudesse virar história para contar aos filhos que um dia teria. Fernando cuidava da própria roupa, fazia o próprio prato; era o menino que seguia "direto pro banho" sem que precisassem mandar. Tinha um objetivo na vida: queria ser alguém e dar orgulho para a mãe e os avós, como ele mesmo gosta de contar: "Eu sempre fui um menino independente, com bastante autonomia. Sempre tirei boas notas, sempre fui muito dedicado e responsável".

Fernando brincava na rua até tarde, com os muitos primos e os amigos de toda a infância. Queimada. Pique-bandeira. Pique-pega. O menino se destacava em todas elas, mas fazia bonito mesmo quando a bola de vôlei aparecia.

"Fui convidado pra jogar no time da cidade, acredita? Já estava tudo combinado. Depois das férias, eu iria treinar e começar a disputar os campeonatos", conta ele.

Depois das férias.

Um dia, a brincadeira virou dor. A cabeça latejou forte e Fernando dormiu muito, para esperar a dor passar. Acordou estranho – mas não tão estranho quanto a semana que viria. A mão formigou, pouco antes de ficar sem movimentos. O braço formigou e logo ficou impossível levantá-lo. Quando a perna formigou, o menino já sabia.

"Vai passar", ele pensava. "Vai passar."

Antes que a semana inquietante findasse, Fernando já não andava. E foi só o começo:

> Um dia, quando acordei, tinha uma mancha como se fosse uma gotinha d'água, como uma lágrima, no centro da visão. No outro dia, olhava para os objetos e via dois. Lembro direitinho de uma imagem: eu olhava pra rua e parecia que havia outra rua saindo dela. Mais um dia, e eu olhava para as coisas e enxergava quatro.

"Vai passar", ele ainda dizia.

Mas não passou.

Aos 13 anos, Fernando perdeu completamente a visão dos dois olhos.

Idas e vindas ao hospital. Surtos. Crises. O menino tinha algo que nunca imaginou que existisse, quanto mais que pudesse transformar a vida dele dessa forma: síndrome de Devic, uma doença inflamatória autoimune. Fernando descobriu que o próprio sistema imunológico, que deveria protegê-lo, o estava destruindo.

O momento do diagnóstico foi traumático, como conta o professor:

"O médico me deixou em uma sala separada e chamou minha mãe: 'Olha, ele vai perder todos os movimentos do corpo e vai chegar a óbito', ele disse."

Os procedimentos e medicamentos prescritos pelo médico fatalista não davam resultado e realmente quase levaram Fernando à morte. O adolescente ficou tão fraco que não conseguia sequer comer ou tossir. Guardava as poucas forças para tentar respirar e sobreviver. Um dia, no auge da pior crise, pensou pela primeira (e última) vez que talvez pudesse mesmo não resistir.

Mas o menino acreditava em anjos. E encontrou um deles no hospital:

> Um médico plantonista me analisou, percebeu que algo estava errado e trocou meus medicamentos. Parecia que ele estava tirando a minha dor com as mãos. Melhorei imediatamente e no outro dia já conseguia comer. Você vê mesmo que é um anjo, né? E que Deus coloca na vida da gente, que tudo tem um propósito, porque, se eu tivesse continuado com o outro profissional, eu teria morrido.

O novo médico o encaminhou para outra cidade e os cuidados lhe devolveram os movimentos acima da cintura. As pernas melhoraram, mas Fernando não voltou a andar.

O maior desejo do menino, o doutor, mesmo "anjo", fez questão de não estimular:

"Ele me disse: 'Olha, Fernando, eu não estou falando que você vai ser cego para o resto da vida, que você não vai voltar a enxergar, mas, por enquanto, não existe possibilidade, nem tratamento. Você precisa seguir a sua vida'; então eu segui."

Fernando seguiu. Voltou a estudar, aprendeu a ler e a escrever em braile, com o tato a compensar a falta de visão, e concluiu o Ensino Médio graças ao supletivo. Entre sessões com médicos, fisioterapeutas e psicólogos, o menino cresceu, colheu exemplos e construiu amizades.

Inspirado, resolveu prestar concurso. Conseguiu uma oportunidade de trabalho na instituição em que havia passado a maior parte do tratamento, em sua cidade natal, Rio Claro, no estado de São Paulo. A vitória só confirmou o que o jovem já sabia: ele podia mais.

E queria mais.

Pouco depois, uma aprovação no vestibular para gestão de recursos humanos o obrigou a conciliar trabalho, estudo e algumas visitas ainda necessárias ao médico. Fernando conta:

> Graças a Deus, em tudo o que eu me propus a fazer, desde que eu fiquei doente, sempre tive alguém; Deus sempre colocou uma pessoa pra me acompanhar, me auxiliar. Fiz a faculdade de RH e trabalhei no Centro de Habilitação Infantil Princesa Victória por dez anos, atendendo crianças com as mesmas deficiências que eu. De paciente eu passei a funcionário.

A experiência com as crianças da instituição trouxe inspiração, projeto – e uma nova aprovação, desta vez, na faculdade de pedagogia. Enquanto se preparava para encarar os futuros alunos, Fernando decidiu morar sozinho:

"Eu procurava ter uma vida normal, estudar, sair à noite com meus amigos. Minha mãe me ajudou e ajuda demais, mas hoje eu aprendi a cozinhar, a fazer tudo. Ela vem, almoça comigo, eu faço bolo. A gente mora perto. Irmãos, primos e amigos também dão uma força quando é necessário."

Fernando aprendeu a dar conta das tarefas de casa enquanto se dedicava também ao aprendizado de um novo ofício: o de pedagogo. Um ano depois da formatura, passou em outro concurso e ganhou uma turma. Seria o responsável por ensinar português, matemática, história, geografia e ciências a estudantes do quinto ano do Ensino Fundamental.

O primeiro dia de aula para as 22 crianças foi de entrega. Fernando abriu a própria história e o coração, pronto para responder a qualquer pergunta:

> Eles são muito curiosos, ficam fascinados com a cadeira de rodas, que é vermelha e eu costumo comparar com uma Ferrari. No primeiro dia de aula eu contei por que tinha ficado doente, expliquei que antes eu andava, que enxergava... Nossa! Eles perguntam cada coisa! Criança é muito espontânea: "Professor, como você toma banho?", "Professor, você é casado?", de vez em quando me entregam um objeto e eu tenho que adivinhar o que é. Com o tempo, ficou comum. Eles não veem a minha deficiência, eles veem a pessoa que eu sou. Eles têm 10, 11 anos, mas já sabem aceitar as diferenças.

Uma amiga da época da faculdade trabalha como auxiliar na sala. Ela é a "visão" na hora de corrigir provas e cadernos. O restante, como planejamento e explicações, fica por conta do professor Fernando. As crianças, ele reconhece cada uma pela voz.

Fernando já poderia estar neste livro pelo simples fato de existir. Por ter sobrevivido à doença, contornado um erro médico, brincado com as probabilidades, por ter se tornado professor.

Mas há outro menino nesta história.

"Ele não falava com adultos. Eu não enxergava. Como a gente poderia se comunicar?", se perguntava Fernando.

Um aluno novo representava um desafio e tanto. Aos 11 anos, portador de mutismo seletivo, interagia normalmente com outras crianças, mas ignorava os adultos, só conversava com os pais. Nos cinco anos em que havia frequentado a escola, o menino – a quem aqui chamaremos de Marcelo – só tinha voz quando estava entre os iguais. O professor recorda:

> Mas eu fui chamando o Marcelo pra sentar do meu lado, pra me ajudar. Ele vinha, mas não falava nada. Aí, olha só: eu consigo usar as redes sociais e a internet por meio de um leitor de telas que lê todos os textos e está instalado no celular e no computador. Duas semanas depois, ele me adicionou no Facebook, mandei um "oi" e ele respondeu. Passou a conversar por horas, escrevendo tudo o que gostaria de falar na sala de aula, mas não conseguia.

Fernando conversou com a família e a escola e elaborou uma estratégia. Passou a se referir a Marcelo diretamente na sala de aula – sem resposta. A professora auxiliar alertava: "O menino não faz uma carinha muito boa, não, mas também não parece incomodado".

Fernando insistia.

"Expliquei a ele: 'você não fala e eu não enxergo. Então a gente vai ter que dar um jeito nessa situação', e ele deu risada!"

O professor traçou o combinado com o novo amigo: ele fazia a pergunta e Marcelo respondia com movimentos de cabeça: sim ou não. Sim e não. Daí para o "a-ham" foi um pulo. E outro pulo até as conversas por meio de intermediários. O ouvido sensível do professor percebia que Marcelo conversava com outras crianças olhando diretamente para ele:

> Ele falava para o coleguinha: "Eu não tô entendendo esse exercício aqui, ó"; mas eu sabia que era pra eu ouvir. E aí eu ia lá. Ele queria muito falar, mas não conseguia. Era uma coisa

muito forte. Eu implicava, dizendo que o ano iria terminar e já estava na hora de ele falar comigo, mas não adiantava. Até o dia em que ele me enviou um áudio no WhatsApp.

As conversas por meio do aplicativo de celular se tornaram frequentes e a supervisão da família fez com que estreitassem a amizade. A mãe fazia torta. O pai providenciava o sorvete. E o menino jorrava palavras. Falava tanto por telefone que ao ouvir a primeira palavra dita pessoalmente o professor Fernando nem se surpreendeu.

> Ele agora está no oitavo ano, um moço já, mas não conversa com outros adultos ainda. Então, pra mim, essa foi uma conquista muito grande, apesar de ele ainda não conversar comigo na frente de outras pessoas. Mas sabe o que aconteceu? Um dia, a turma toda quis jogar detetive. Sabe como é? Os jogadores tiram um papel onde está escrito assassino, detetive, vítima. E o assassino pisca pra matar alguém. Como uma pessoa que não enxerga vai participar de um jogo em que precisa ver as outras pessoas piscando? Combinamos que o Marcelo leria o meu papel e falaria no meu ouvido o que eu havia tirado. Só ouvi quando ele falou bem baixinho: "Vítima".

O menino que não anda e não vê tocou o coração do menino que não fala.

Mas, e para o professor que, mesmo sem enxergar, foi aprovado em concursos e concluiu duas faculdades, quais seriam os próximos sonhos? Os próximos planos? O maior medo?

> Quero fazer concurso novamente pra dar aulas em dois turnos, conquistar mais uma turma; estou fazendo um curso de

educação especial, vou começar um de especialização em *bullying*, e depois quero fazer mestrado. Tudo o que eu me proponho a fazer, eu vou lá e faço. Se não der certo, pelo menos eu tentei. Queria morar em uma casa com espaço pra fazer exercício, ter uma piscina, porque na água eu tenho a sensação total de liberdade, eu consigo andar. Quero ter uma condição financeira melhor para ajudar um pouco mais meus familiares e, se Deus quiser, construir a minha própria família.

Fernando não pensa muito se os surtos da doença podem voltar ou não:

Eu penso na minha vida agora, entendeu? E a minha maior esperança é, sim, voltar a enxergar. O médico disse que não é uma porta fechada. É uma coisa que eu quero muito. Eu levo minha vida de maneira tranquila, sem ficar reclamando. Sinto falta de fazer coisas que eu fazia antes, como jogar videogame, mas entendo que não dá. Eu aceito a doença que tive, mas não me conformo. Sou muito grato por tudo que tenho. Nossa, tenho uma gratidão imensa, mas, me conformar, eu acho que é muito, né? A conformidade nos leva ao comodismo e aí deixamos de sonhar e lutar.

TRANSFORMANDO HISTÓRIAS

Fernando foi surpreendido, ainda bem jovem, por uma doença que limitou seus movimentos e tirou sua visão. A síndrome, entretanto, jamais impediu que ele tentasse realizar todos os seus sonhos, entre eles o de se tornar professor. Você já precisou superar um grande obstáculo para conquistar seus objetivos? O que sentiu ao ler a história do professor Fernando? Como ela pode inspirar você?

Os que a muitos ensinam a justiça brilharão como as estrelas, eternamente.

DANIEL 12:3

HELEY DE ABREU SILVA BATISTA

(In memoriam)

Heley é anjo.*

* Livremente inspirado na história – de doação e de amor – da professora Heley de Abreu Silva Batista. Em 2017, aos 43 anos, a professora Heley salvou a vida de mais de vinte crianças em um incêndio criminoso na escola em que lecionava, em Janaúba, Minas Gerais. Ela sofreu com queimaduras em 90% do corpo e faleceu pouco depois. Apesar da livre interpretação, todos os fatos são reais, inclusive a morte do filho, as outras perdas e as homenagens recebidas.

"Preciso contar sua história. Mas… de que forma?"

"Escreva com o coração. Sem forma."

Eu mantinha um diálogo imaginário, olhando para a foto na tela do computador à minha frente. Nela, Heley sorria enquanto tirava uma *selfie*. Cabelos castanhos na altura do ombro, com um restinho de luzes em fios ainda não cortados nas pontas, camisa rosa estampada, mochila rosa pendurada nas costas. Ela tenta enquadrar algumas crianças que mandam beijos na direção da câmera, sentadas em um pano no chão logo atrás.

"Então posso escrever sobre você?", eu perguntava.

"Toda história de amor merece ser contada. A minha é uma história de amor. Mas eu só fiz o que qualquer pessoa teria feito."

"Não estou tão certa disso. Na verdade, acho que poucas pessoas o fariam. Eu queria entender de onde veio a sua força. Foi tanta coragem!"

"E se você parar de tentar entender? E se você começar a sentir? Ah! Por favor, no final, deixe claro que estamos todos muito bem."

***

"Você viu se o Pablo comeu alguma coisa? Acho que vou fazer um pratinho de arroz e churrasco e levar pra ele. Tem um tempão que não aparece aqui. Vontade de dar um cheiro naquele moleque!"

(coração aperta)

"Eu sei, eu sei. Você já disse que é pra deixar o menino quieto, que ele está brincando com os amigos, que quando sentir fome ele aparece. Eu sei, eu sei. Já ouvi. Tava feliz o bichinho hoje, né? Benza Deus!"

(coração não se engana)

"Amiga, viu o Pablo por aí? Tem tempo que não aparece e já tô ficando preocupada! Ele ainda não comeu nada e estava tão eufórico por esse passeio no clube que eu duvido que vá se lembrar de comer. Nem dormiu direito, a noite toda me perguntando se já estava na hora de acordar, se já estava na hora do passeio. Deve estar brincando, coisa de criança, eu sei. Mas é coisa de mãe se preocupar, né?"

(coração de mãe é todo preocupação)

"Ei, você viu um menininho moreno, de mais ou menos 5 anos, perdido por aí? Eu sei. Eu sei. Muita criança nesse clube. É grande o clube, né? Ele está de sunguinha vermelha, o cabelinho é curto, repartidinho pro lado. Quer dizer, agora o cabelo deve estar bem bagunçado. Quem liga pra cabelo arrumado, quando a brincadeira está boa, né? Não viu? É que tem tempo que ele não aparece. Ainda nem comeu, o bichinho, e ele adora pão de alho."

(ah, coração! Sem nem saber, já sabe)

"Lá pros lados da piscina grande? Confusão?! Como assim todo mundo lá e ninguém viu? O que foi que vocês não viram, gente?! O que foi que não viram? Já escutei, não tinha guarda-vidas. Moça, se acalma, moça, não chora, me diga... Ei, me diga: o que foi que ninguém viu? Pelo amor de Deus! Foi menino? Foi o meu menino?"

***

A morte de um filho não é coisa que se supere.

***

Heley já estava convencida de que a dor, a maior que já havia sentido, não iria embora.

Respirava fundo a cada manhã, pedindo para Nossa Senhora Aparecida a força para enfrentar mais um dia. Tinha outros filhos, que mal conseguiam entender a perda do irmão: "Vamos buscar o Pablo no clube, mamãe". Heley nunca soube o que responder. Um abraço apertado costumava ocupar o espaço que as palavras não poderiam preencher.

A dor não iria embora. Ela sabia. Ah, se sabia! E seria preciso aprender a conviver com ela.

"Menino tá no céu, eu sei. Tá do ladinho de Deus. Mas o que eu faço com esta saudade? Com este amor imenso que chega a me doer o peito? Parece um aperto e ao mesmo tempo parece que vai explodir", desabafava.

Para não explodir o peito, Heley intensificou distribuição de amor. Na escola, onde ensinava as primeiras letras a uma turma de crianças, passou a se dedicar ainda mais. Eram dela as aulas mais gostosas, mais elogiadas, as mais criativas. Num dia havia dancinha para incentivar a coordenação motora; no outro, filme com pipoca.

C com A, CA, carinho.

C com O, CO, coração.

Recortava e colava nas paredes os personagens de que as crianças mais gostavam. As conversas e as risadas que todos conseguiam ouvir do lado de fora eram deliciosas.

Desde sempre, Heley sonhava em ser professora. Quando pequena, a brincadeira preferida era ensinar os vizinhos mais novos, escrevendo em um quadro-negro imaginário. Cresceu e continuou professorinha. Queria ajudar as crianças, pensava em trabalhar com pessoas com deficiência. Gostava tanto de gente que até o nome da escola na qual trabalhava era adequado: Gente Inocente.

Não era possível esquecer a dor, claro, nem por um segundo. Todos os dias, ao chegar à escola simples, de um bairro mais simples ainda, a professora Heley reparava no portão principal, azul-claro bem da cor de céu, e, ao atravessá-lo, fazia uma espécie de oração.

"Meu Deus e minha Nossa Senhora. Cuidem do meu menino enquanto eu cuido aqui de cada uma dessas crianças. Dai-me forças para fazer o meu melhor, como sei que estão fazendo por aí. Amém."

***

"Vai ter picolé sim. E pipoca. E um monte de atividade! Vai ter pique-pega e aula de zumba também. Banho de mangueira eu não posso prometer, mas, se estiver fazendo sol, quem sabe? Calma, gente, calma! Quem vai querer bolo de chocolate? Eee!

Vou trazer um caprichado, daqueles com chocolatinho colorido em cima. Não vai ser de princesa não. Ah, você queria de princesa? Pode ser depois, mais pra frente, a tia promete. A semana vai ser pequena pro tanto de festa que a gente vai fazer."

Os preparativos para o dia das crianças animavam a turma e a professora. Os pequenos esperavam com ansiedade e Heley havia planejado tudo com antecedência. A alegria era tanta por causa da festa que aconteceria dali a uma semana que ninguém sequer notou quando o homem chegou. Ele costumava vigiar a escola. Ninguém notou até que fosse tarde demais.

Tarde demais. Rápido demais.

Cheiro forte de combustível, algo estranho acontecendo… fogo na sala! Tá-pe-gan-do-fo-go-na-sala. Gritos, gritos, gritos.

"Meu Deus, me ajuda! Minha Nossa Senhora, valei-me! Cuida daí e eu cuido daqui, do jeitinho que nós combinamos. Que nenhuma mãe sinta a dor que eu senti ao perder um filho. Não vai sentir. Não vou deixar, não vai sentir. Corre, Juliana, corre! Thiago, sai do canto e corre! A porta está fechada! Ele fechou a porta! Eu sei, eu sei. A tia sabe que tem grades nas janelas! A tia sabe que o fogo está aumentando. Tá quente, eu sei, tá quente! Passa aqui, Gabriel, a tia te levanta, passa por cima da janela. Corre! Vem, Suellen, sua vez! Fica calma que a gente vai dar um jeito, abaixa a cabeça, cobre o nariz com o vestido. Levanta, vai, sai e corre!!! Um, dois, três… dez. Meu Deus! Minha Nossa Senhora, faltam tantos! Me ajuda. Me ajuda! Nenhuma mãe vai chorar… Nenhuma mãe vai…"

Gritos, gritos, gritos!

O homem sai. O homem volta. Depois de atear fogo ao próprio corpo, estica os braços ao tentar agarrar as crianças. O desenho de princesa colado à parede começa a se descolar, o rosto de papel queima. "Ah, não, a princesa não. É a decoração para o dia das crianças." Parte do teto desaba. "Por favor, para." Um abraço. "Nenhuma mãe vai chorar."

A professora Heley está agarrada ao homem.

Agarrada ao fogo que ele tenta alastrar.

Agarrada à vida de quantas crianças pudesse salvar.

"Não olha, Pedrinho. Vai ficar tudo bem. Vai ficar tudo bem. Não, João, a tia não dói. Não dói. Deveria doer, eu sei, mas não dói. Corre, vem cá. Te ajudo a sair. Te ajudo a se salvar. Onze, doze... 24, 25. Vai ficar tudo bem. Faltam dez. Dez. Me ajuda, minha Nossa Senhora. Vai ficar tudo bem."

Não dói. Deveria doer, mas não dói. O fogo. As crianças. O fogo.

A luz...

***

Heley até viu, de longe, embora não tivesse importância.

Toda a cidade acompanhou o enterro. O cortejo no caminhão do corpo de bombeiros. O caixão branco da professora, coberto com a imagem de Nossa Senhora Aparecida.

Toda a cidade chorou. Os pais das dez crianças que não conseguiram sair a tempo. Os pais das 25 crianças que a professora conseguiu salvar. A cidade toda. O Brasil.

Heley até sorriu, de longe, sem a menor importância. A escola reformada ganhou seu nome. Uma rodovia ganhou seu nome. Ninguém sabe ao certo se Heley tem um L ou dois... ela riu. Ordem Nacional do Mérito, dada pelo presidente. O que importa?

O portão azul da cor do céu está entreaberto. Parece um pouco mais claro agora, bem mais bonito, bem mais largo, o azul do céu parece tomar conta do mundo.

Heley até sentiu.

"Todo mundo de mãos dadas. Vamos entrar de mãos dadas, cinco de cada lado. Vai ter tanta festa, tanta alegria! Todo mundo juntinho, Tia Heley ama muito vocês."

TRANSFORMANDO HISTÓRIAS

A professora Heley deu a própria vida para salvar mais de vinte crianças durante um incêndio na escola. O que você sentiu ao ler a história? Sabemos que a rotina em uma instituição de ensino, com raríssimas exceções, não exige atos extremos de bravura; mas pede doação, entrega, comprometimento e amor. Você sente que está dando o melhor de si para seus alunos?

Para além de conhecimentos postos, a educação é sobre vivências. E não há como oportunizarmos tudo isso se não estivermos dispostos a vivenciar também. Por isso que, enquanto professores, precisamos entender as inteirezas de nossa missão.

PROFESSORA SARA DO VALE

MARLY SCHIAVINI DE CASTRO

Eu vou me embrenhando, naquela história de que o caminho se faz caminhando. Sempre acreditei nisso.

Ela foi:
A filha do seu Ito e da dona Deoclécia.
A mulher do Dório.
A mãe do Francisco, da Consuelo e da Mariana.
A professorinha.
A mulher separada, mãe de três filhos, da cidade pequena.
Um dia cansou. Decidiu ser, simplesmente, Marly
(Marly, assim mesmo, sem ponto-final)

Aos 49 anos, encontrou seu lugar no mundo ao participar da construção de uma escola em uma aldeia indígena, milhares de quilômetros distantes do que, até então, considerava sua casa. Ela conta:

Eu tinha um propósito bem claro. Eu queria me recriar. Eu queria deixar para trás tudo o que já tinha feito. É lógico que não dá para abrir mão das experiências anteriores. Nunca dá, né? Mas eu estava cansada de ser a Marly com definição, a Marly de alguém, eu queria me inventar outra pessoa.

Marly é uma mulher franzina, com a beleza toda própria de quem acredita que o bonito é mesmo o natural. O cabelo lhe cobre boa parte das costas, num mosaico de fios grisalhos e dourados. De maquiagem, não gosta muito. Na maior parte do tempo traz no rosto o sorriso aberto que faz os olhos pequenos fecharem e deixa à mostra os dentes da frente, o que sempre lhe disseram ser um charme.

À primeira vista, ninguém imagina o quanto ela carrega de força e determinação.

Seis meses de licença-prêmio e a possibilidade de conhecer as praias do Nordeste levaram Marly a aceitar uma proposta: passar um tempo trabalhando com os indígenas do povo de Tremembé de Almofala, em Itarema, no Ceará, até que outro professor pudesse assumir a função. Ao deixar a pequena cidade de Resplendor, em Minas Gerais, levava consigo trinta anos de experiência no magistério e a vontade de encontrar um novo caminho. Foi ajudando uma comunidade a se fortalecer por meio da educação que acabou encontrando um lugar no mundo. Até lá, percorreu um longo trajeto.

A chegada, por exemplo, foi um choque:

> A cultura nordestina, por si só, já é bem diferente da cultura mineira. A dos Tremembé, então, nem se fala. Eles têm um dialeto próprio, uma maneira própria de falar, embora eles não tenham mais a própria língua indígena. E, no início, eu fiquei meio angustiada: eu vou fazer o que, né? Se eu não consigo entender o que as pessoas falam…

Decidiu aprender com os integrantes do grupo indígena. De voz em voz, de conto em conto. E de encanto em encanto. Nas manhãs de domingo, com os pés enterrados na areia, cheirinho de maresia, vento nos cabelos, virava moleca com as crianças na praia: "Vamos trocar histórias?".

Sabedoria milenar saída da boca dos pequenos: foi assim que ficou conhecendo a história dos Tremembé. Das palavras, veio o conforto de se sentir pertencer. E Marly foi ficando, um pouquinho de cada vez.

Vencido o primeiro desafio, do entender e se fazer entender, não demorou a chegar o próximo: e se a aldeia tivesse um colégio?

Os Tremembé já tinham um projeto pronto, a base estruturada no fortalecimento da cultura, na importância de permanecer na terra. Marly encontrou seu ideal de escola já sendo vivenciado. E se jogou de corpo no projeto – porque, na alma, já o trazia desde sempre.

Ela explica que foi preciso superar as próprias inseguranças:

> Eu tenho muita dificuldade para falar das minhas coisas, dos meus feitos, porque eu sempre acho que eles não são tão importantes assim. Mas eu vou me embrenhando, naquela história de que o caminho se faz caminhando. Sempre acreditei nisso.

Marly foi em frente, mais prática do que teoria, mais vontade de fazer a impulsionando do que dúvidas lhe travando a caminhada. Três meses após a chegada, a decisão da professora de Minas Gerais estava tomada: não iria mais embora.

> E aí todo mundo se abriu, e todo mundo me acolheu. Me disseram que ninguém queria se apegar, porque eu estava de passagem e, quando fosse embora, deixaria saudade. Aí eu me senti muito importante. Eu falei: meu Pai, eu tô fazendo alguma coisa aqui, né?

Marly tomou conhecimento da situação de cada escola, cada professor, cada criança. Atirou-se, com sede e gana, num processo de imersão que impactou também os Tremembé. Descobriu que, para eles, colégio é prédio, escola é gente. Escola eles já tinham, funcionava na casa dos professores – quatro, no total. E os alunos, que eram 35, de todas as idades, iam e vinham. A merenda era servida na casa de Mãe Neném Beata, onde o pé de goiaba era garantia quando a comida enviada pelo Estado não chegava.

A professora relembra uma das experiências mais impactantes:

> Mãe Neném tinha cozinhado um caldeirão de sopa com o restinho que havia na despensa: uma caneca de arroz, uma caneca de macarrão, uma banda de frango, como eles dizem, e os temperos que ela pegou da cozinha dela. Além da criançada, tinha mais quatro professores, eu e a coordenadora pedagógica. Na hora em que olhei para o caldeirão, estava pouco pra cima da metade. Pensei: "Não vai dar nem pra primeira criança, né?". Aí fui apresentada a um costume dos Tremembé, e até hoje eu sou fascinada por ele: são as cozinheiras que fazem a partilha da comida. E aí foi que eu vivi essa maravilha de experiência de ver mais ou menos três litros e meio de sopa virarem um prato de sopa bem servido para cada criança, depois para os professores, pra mim e para a coordenadora. Eis que eu vou olhar, ainda tinha sopa dentro do caldeirão. Minha vivência religiosa me levou a lembrar do milagre dos pães e dos peixes.

A cena deixou marcas profundas: "Quem sabe partilhar, na minha opinião, pode viver qualquer situação que não vai ter medo, não vai enfraquecer, não vai andar para trás."

Na aldeia, reunião era "prosa"; e prosa não tinha hora para acabar. Com a participação de todos, incluindo as crianças, decidiram pedir ajuda. A promessa de alugar um espaço, feita pela secretaria de Educação, não satisfazia. Partiu de Marly a ideia: "Vamos construir um prédio, um colégio dentro da aldeia".

Recurso? Nenhum. Desenharam a escola que queriam à mão e com a participação de todos. No início, apenas uma sala de aula, uma cozinha, um banheiro. Mas... e se aldeia cresce e se crianças nascem? E se o desejo de ficar for maior do que o de buscar a vida fora?

O projeto do colégio ganhou mais quatro salas, cozinha, despensa, dois banheiros e uma área central – tornou-se o espaço comunitário que também faltava, lugar de festa, de reunião, espaço de resistência. Local já havia: um terreno, bem no alto de uma duna, cedido por Mãe Neném. Uma máquina emprestada pela prefeitura foi usada durante a terraplanagem.

Um projeto da Fundação Nacional da Saúde (Funasa) para construção de banheiros em aldeias indígenas garantiu os dois de que o colégio precisava. Era engraçado ver: "Lá no cocuruto do morro, só os dois banheirinhos da Funasa. Cadê parede, piso e teto da escola? Os banheiros eram o marco inicial. A minha confiança na valentia e na resistência deles era tão grande que eu achei que valia a pena me arriscar".

Marly foi ao depósito de material de construção e contou à dona a saga dos indígenas. Pediu, além de confiança, todo o material para fazer os alicerces da escola. A promessa era quitar a dívida aos poucos, à medida que o dinheiro fosse entrando. "Daí pra frente, todo domingo tinha um bingo na casa de alguém, gente pedindo doação, e o dinheirinho foi sendo juntado", explica Marly.

A base foi construída com trabalho voluntário dos pedreiros da aldeia, e a Igreja Metodista, da qual Marly era missionária, mandou R$ 9 mil, que renderam os tijolos e o cimento necessários para erguer as paredes.

"'Se a gente acredita no que está fazendo, nós vamos conseguir', eu pensava. Todo mundo ajudava. Até os professores, todo mês, colocavam um pouquinho do salário para reforçar o caixa", relembra Marly.

Durante o processo, veio o aprendizado de novas lições, incluindo a de construir alternativas. Quando quis comprar a caixa d'água, por exemplo, surpreendeu-se com a existência de uma, bem mais em conta, feita pelos próprios indígenas.

E, assim, o colégio ficou pronto. A professora se emociona:

> É tão especial! Do alto da duna, você tem uma vista panorâmica de todo o mar de Almofala. Pense numa coisa assim... não tem como descrever, pros olhos e pra alma. Uma coisa que... não tem. A palavra que eu digo é "maravilhosa", mas ela é muito pobre pra descrever.

Marly chegou ali em 2003 para ficar seis meses. Está entre os indígenas Tremembé até hoje. Quando começamos a compartilhar essa história, 17 anos haviam se passado:

> Toda vez que eu penso em ir embora, eles me aparecem com um novo desafio. A educação para mim é a chave de tudo. E o projeto de educação diferenciada dos Tremembé contempla saberes, mais do que os conhecimentos. Eles buscam esses saberes nos mais velhos, dizem sem medo nenhum de errar: "Os nossos mais velhos são as nossas enciclopédias vivas". Eles constroem o futuro buscando a sabedoria do passado.

A valorização da troca de saberes e a busca por conhecimento frutificaram – e também caiu fruto longe do pé e encheu barriga, tal qual goiaba de dona Neném. Após o Ensino Médio, a procura pela graduação por parte dos indígenas da região deu origem a uma iniciativa pioneira da Universidade Federal do Ceará: um curso passou a ser ministrado nas aldeias, com a participação de toda a comunidade. Em 2013, a primeira turma indígena graduada em magistério no estado colou grau.

Marly sente que faz parte disso e comemora cada conquista:

> Cada ser humano aqui se sente o mais importante, entendeu? E ao mesmo tempo, o mais necessitado de aprender, porque todo mundo ajuda, todo mundo aprende com todo mundo. Para mim, o que vale é a minha paixão de aprender e partilhar o que eu vivencio. Aqui eu posso. Aqui todo mundo é livre, inclusive eu.

TRANSFORMANDO HISTÓRIAS

Na busca pela própria identidade, a professora Marly deu "um salto de fé" em direção ao desconhecido e se entregou a um projeto que transformou completamente a vida dela e a realidade dos indígenas. O que tem motivado as *suas* decisões? Você tem agido com fé e coragem, acreditando que pode mais, que merece mais? Os sentimentos de realização e felicidade fazem parte do seu dia a dia? Marly encontrou um lugar no mundo. O que você precisa encontrar?

A dignidade do existir é nobre tarefa da educação. A humanidade, sua principal lição.

PROFESSOR JOSÉ ANTONIO MARTINUZZO

EUNIR ALVES MOREIRA DE FARIA

Eunir é eternidade.*

* Livremente inspirado na história – de amor e transcendência – de Eunir Alves Moreira de Faria. Aos 77 anos, dona Eunir colocou um cartaz na varanda de casa e começou a alfabetizar adultos, voluntariamente, em Patos de Minas, Minas Gerais.

Maria segura o joelho com força, tentando controlar a perna que balança sem parar. O pé direito bate involuntariamente no chão e o saltinho da sandália, a melhor de todas e escolhida a dedo para a ocasião, faz tec, tec, tec. Sentada na varanda, ela olha para a rua enquanto espera. Quase não há movimento, nenhum conhecido para esticar um papo e ajudar a acalmar "os nervos".

"O que eu tô fazendo aqui, minha gente? Eu nem carecia de ter inventado essa moda", resmunga em pensamento.

Os fios de plástico da cadeira, que parecem espaguete, começam a marcar as costas e a parte de trás das pernas. Maria sente algo roçar a testa, bem próximo ao cabelo; passa a mão para espantar o que imagina ser um bicho e respira ao encostar na pontinha da folha de uma das inúmeras samambaias penduradas pelo teto. A varanda é grande e o ar corre solto e fresco, mas ela sente a gota de suor escorrer por entre os seios. Daqui a pouco vai ser possível ver o nervosismo atravessando a roupa: "Ah, não! Logo na frente de dona Eunir, que é sempre tão arrumadinha!", lamenta.

Maria teria ido embora, tal qual pombo que voa assustado segundos antes de lhe jogarem o alimento, se não escutasse – ainda, e tão claramente – as palavras ditas pela neta, semanas antes: "Ah, vovó, deixa de ser burra! Todo mundo sabe escrever o próprio nome! Até eu, que só tenho 5 anos!".

O cheirinho de talco e de banho recém-tomado, e o barulho da chinela se arrastando a passos lentos, indicam que dona Eunir está chegando. Nas mãos, traz uma pequena bandeja com dois copos e uma jarra de suco geladinho de maracujá.

"Burra. Burra. Burra." A perna balança, o plástico corta, o suor escorre.

***

"Talvez esse suco de maracujá ajude a acalmar nós duas", Eunir pensa, enquanto se encaminha para a varanda da própria casa, andando como se o vagar dos passos pudesse influenciar o tempo a passar mais lentamente. O coração bate forte, como não o fazia há muitos dos 77 anos já vividos. Espera estar pronta. O que vai fazer é importante, ela bem sabe.

O cartaz ainda está colado ao portão:

ENSINO
GRÁTIS
LER E ESCREVER
(ADULTO)

"Talvez ninguém ligue", suspirou Eunir, ao colocar o aviso. "Talvez apareça alguém" – novo suspiro.

Era preciso fazer algo.

"Tem muita gente precisando do que tenho guardado aqui", explica a professora aos conhecidos, enquanto aponta para a cabeça, querendo apontar para o coração. "É o conhecimento de uma vida inteira, sem falar na didática de pelo menos 25 anos dando aulas! Não é justo guardar só pra mim."

Eunir se recusa a ser livro parado na estante, daqueles que o dono exibe, mas ninguém mais pode ler. Quer ser livro emprestado, compartilhado, daqueles que as pessoas esquecem de propósito em ônibus, praças, aeroportos. Melhor ainda: com dedicatória!

Professora aposentada, ela sente falta de espalhar letra, de incentivar raciocínio, de encontrar gente e encher casa... sente-se sozinha, quer preencher também o que (lhe) falta.

"Bom dia, Maria! Que bom que você veio. Estamos preparadas?"

***

Maria não é pessoa criada para abraços e fica aliviada ao perceber que a professora Eunir parece do mesmo feitio. As mãos tremem ao compartilhar o suco, as que entregam e as que recebem.

"Desculpa pelo chororô no telefone. Eu tava mesmo muito sentida", diz Maria.

"Não tem o menor problema. Dá para entender o motivo de você estar chateada. E o importante é que agora você está aqui."

"Nunca mais, professora, eu quero sentir vergonha da vergonha que minha netinha sente de mim."

***

Eunir aprendeu com o passar dos anos: recebe muito enquanto se doa. A senhorinha de cabelos completamente brancos e bem cortados, olhos pequenos e cheios de vida, sorriso fácil nos lábios, quis ser paz na inquietude; viver a oração de São Francisco.

A professora preparou cartilha com desenhos, sílabas e linhas para juntar; também deixou separados alguns lápis e borrachas, apesar de ter pedido aos alunos que trouxessem os dois de casa. Não queria que nada atrapalhasse ou fosse usado como desculpa para desistência. A professora imaginava bem o tamanho do desafio para os futuros alunos: aprender algo que boa parte das crianças já sabia fazer facilmente.

Maria foi a primeira a responder ao cartaz. Não que o tivesse lido, pois já sabemos que a falta de leitura é justamente o que a traz a esse ponto da história. A filha, ao perceber o incômodo da mãe iletrada, tratou logo de chamar a atenção para a oferta da professora: "Vai ser bom, minha mãe; vai conseguir ler a placa do ônibus, a bula do remédio, até a Bíblia! E nunca mais vai deixar criança nenhuma te fazer de besta".

***

"Eu queria aprender a escrever o nome da minha neta."

"Vai escrever logo, logo. Mas, primeiro, vamos aprender o seu nome, Maria. Ler e escrever é um novo existir, você vai ver. E a gente também existe pelo nome", explica a professora Eunir.

"A primeira letra eu já aprendi: são os três morrinhos. Agora vem o A, porque eme com A é igual a MA. É a bolinha com cabelinho dos dois lados, faz a curva do cabelinho, sobe, desce, fecha a bolinha, cabelinho do outro lado. De noite, quando vou dormir, fico lembrando da senhora ensinando o caminho."

***

Um dia, um jornalista passou na rua. Estava tão acostumado a divulgar notícias ruins que se surpreendeu, achou o cartaz de dona Eunir extraordinário! O gesto simples virou manchete em sites e jornais: "Nunca é tarde para aprender, nem para ensinar", ela dizia. E "a minha vocação é gostar de pessoas", complementava, rapidamente. Outros jornalistas apareceram, assim como as homenagens, e também novos alunos.

As samambaias da varanda foram remanejadas para o canto para dar lugar a duas mesas e dez cadeiras. Maria virou turma. E as turmas se desdobraram em turnos – tem até período noturno, veja só.

Meio resistente à tecnologia, mesmo em tempos de e-mails e aplicativos de celular, professora Eunir começou a receber ligações no telefone fixo e as cartas enchiam a caixinha do correio. Outras pessoas haviam se inspirado, cartazes se espalhavam em muros pelo Brasil.

ENSINO
GRÁTIS
LER E ESCREVER
(ADULTO)

Em cada palavra ensinada e aprendida, em cada vida transformada, professora Eunir se sente transcender.

***

"ERRE COM I, RI (risos!). E lá vem outra bonequinha com cabelo. MA-RI-A."

TRANSFORMANDO HISTÓRIAS

Com as aulas de alfabetização, a professora Eunir deu aos alunos e alunas novas oportunidades. O conhecimento compartilhado ajudou a transformar a maneira como cada um deles enxergava a si mesmo e também como se relacionava com o mundo. Você consegue perceber a importância de sua atuação profissional? Qual é o seu propósito? Tente se lembrar de alguma situação em que uma atitude sua tenha ajudado a melhorar a realidade de alguém.

A educação é um processo muito importante. É o momento de aprender, viver e compartilhar cada experiência. O professor tem nas mãos um papel fundamental e incrível como mediador na construção do conhecimento.

PROFESSORA ANA PAULA R. SCARPIM

LUIZ FELIPE LINS

Ao voltar para a escola, além da medalha e dos certificados de premiação, os alunos ganham bens mais preciosos: o sabor da conquista, o prazer da vitória e a sensação de saber que é possível vencer apesar das dificuldades e adversidades.

Luiz Felipe é o retrato do amor por uma profissão. E isso fica evidente quando analisamos fotos nas quais o professor de matemática aparece. Quando está posando sozinho, como nas capas de revistas e jornais, Luiz Felipe mostra um sorriso. Nas fotos ao lado dos alunos, é outro. Com os estudantes, o professor abre os braços ao máximo, tentando abraçar tantos quanto possível, em uma perceptível, embora talvez intuitiva, pose de proteção e acolhimento.

Luiz é o professor que incentiva os alunos a buscar mais da vida, que se orgulha da vitória de cada um deles; mas que vibra, mesmo, ao contar a história de um menino que demorou anos, mas aprendeu a somar.

***

De seus 48 anos, o professor Luiz Felipe passou 42 em escolas públicas.

Primeiro, foi aluno. Enfrentou por 17 anos os problemas tradicionais, comuns a grande parte das escolas públicas do país.

O número de estudantes nas salas era grande demais. Havia indisciplina e a violência rondava. Os professores, em sua maioria, não estavam tão motivados. Mas a escola pública, na zona oeste do Rio de Janeiro, também lhe deixou boas marcas, influenciando em sua formação como ser humano e nas opções acadêmicas.

E foi para ela que Luiz voltou, anos depois, como professor de matemática. Ele conta que não foi fácil:

> Deparei-me com uma prática educacional antiquada, com aulas expositivas e a utilização do livro didático, o mesmo em que eu havia estudado, como únicas ferramentas metodológicas, e com um projeto político-pedagógico que muito pouco mudara da época em que fui estudante.

Luiz Felipe, no entanto, acreditava na ação como poder de transformação da realidade educacional. Percebia que a geração que chegava acrescentava novas necessidades às já existentes – entre elas, a utilização de tecnologia. Resolveu buscar contatos, dividir as apreensões com outros professores de matemática; queria descobrir maneiras de focar na aprendizagem dos alunos, encontrar estratégias para fazer da parceria entre estudantes, professores e o conhecimento um triângulo equilátero.

As turmas do 6º ao 9º anos ganharam um professor que buscava o prazer do ensinar, do aprender, e do envolvimento em situações desafiadoras. "Para que, para quem, e como ensinar uma matemática que seja significativa na vida de todos?", Luiz questionava.

> As práticas que conhecíamos, oriundas de nossos cursos acadêmicos, mostravam-se insuficientes, gerando frustração, preocupação e desejo de mudança. Como pode a escola garantir

o acesso à informação e promover a aprendizagem de todos, sem valorizar competência e reflexão permanente do professor sobre os problemas e necessidades presentes em suas práticas?

E, nessa equação cheia de variáveis, o professor de matemática arquitetava como redimensionar o papel de quem ensina:

> Um líder, um facilitador, aquele que conhece, compreende e apoia as demandas de seus alunos, que discute e ajuda a resolver problemas, que é um profundo conhecedor de sua área, mas que possua uma visão ampla de seu conhecimento, de suas limitações, de suas incompletudes, e que saiba que ele é sujeito de sua formação profissional.

Enquanto buscava alternativas para o estudo teórico e as aulas predominantemente expositivas, Luiz Felipe aprendeu: o ensino era *por meio da* matemática e não *para a* matemática. Era preciso fazer sentido, despertar verdadeiramente o interesse dos alunos, para que se tornassem sujeitos participantes da construção do próprio conhecimento, capazes de encontrar soluções para os problemas – não só da disciplina cursada em sala de aula, mas da existência, muitas vezes bem mais complicada.

Luiz Felipe ajudava a confortar jovens que perdiam alguém para a violência, que lidavam com agressão doméstica, com gravidez na adolescência. Chorava por um aluno assassinado, pouco mais que um menino. E tentava transformar como sabia: por meio da atenção, do cuidado e da matemática.

> Para o aluno, essas atividades propiciam um caminho para que se percebam sujeitos diretos na construção de seus conhecimentos. Eles elaboram estratégias diferenciadas na resolução

de situações-problema, discutem e descobrem diferentes formas de pensar, de trabalhar em grupo, de ter autocontrole nas situações conflitantes e desenvolver habilidades que vão além do conhecimento matemático, mas que serão úteis em qualquer atividade que desenvolvam na vida.

Luiz Felipe montou grupos de estudo; muitas e muitas vezes, trabalhou voluntariamente fora do horário; também buscou em situações do cotidiano, nos jogos de tabuleiro e vídeos, o estímulo para os alunos. Muitos dos jogos, inclusive, foram criados pelo professor.

Ele queria que os alunos das classes menos favorecidas sonhassem mais, almejassem conquistas cada vez maiores. Vontade, ele tinha de sobra; recursos, nem tanto; mas confiava no que muitos considerariam ser uma utopia. E foi por meio do incentivo à participação em olimpíadas de matemática que encontrou um caminho.

> A humildade e a perseverança são os combustíveis na máquina da conquista. As olimpíadas de matemática abrem um leque de possibilidades para que o aluno reconheça suas potencialidades e almeje um futuro promissor a partir de sua formação, seja acadêmica ou não.

Com o encorajamento, Luiz viu o índice de reprovação diminuir e acompanhou com orgulho várias premiações obtidas pelos alunos nas disputas. Adolescentes que haviam sido reprovados na disciplina, meses depois se mostravam capazes de conquistar medalhas!

Nas edições da Olimpíada Brasileira de Matemática das Escolas Públicas, de 2005 a 2019, foram conquistadas 55 medalhas – uma média de quase quatro por ano, além das 190 menções honrosas para os estudantes. Isso sem falar no reconhecimento para os professores e para a Escola Municipal Francis Hime, na zona oeste do Rio de Janeiro, que se tornou uma das mais premiadas do país. Em um dos anos, a equipe levou para casa Ouro, Prata e Bronze. No total, os alunos do professor somavam 630 prêmios em competições de matemática até 2019.

Os campeões passaram a ser requisitados, com convites e oferta de bolsas para estudar nas melhores escolas particulares. Anos depois, muitos desses estudantes estariam nos bancos das instituições de ensino mais disputadas do país, como o Instituto Militar de Engenharia (IME).

O trabalho ganhou destaque, virou caso estudado, assunto divulgado em reportagens nos jornais. Luiz Felipe posou até em capa de revista de circulação nacional e grande visibilidade. O melhor reconhecimento, entretanto, era outro: o professor de matemática testemunhava vidas sendo transformadas e histórias sendo reescritas.

> Ao voltar para a escola, além da medalha e dos certificados de premiação, os alunos ganham bens mais preciosos: o sabor da conquista, o prazer da vitória e a sensação de saber que é possível vencer apesar das dificuldades e adversidades. Minha preocupação inicial é perceber os limites e as limitações de cada um. Cada um tem seu tempo, suas angústias, suas tristezas, suas motivações, suas referências.

Em 2016, ano em que concluía o mestrado, Luiz Felipe recebeu o que considera "o maior presente da vida de professor": a oportunidade de trabalhar com a inclusão. E se, na matemática, diferença representava o resultado de uma subtração, para o professor, o empenho estava em fazer com que diferença fosse o resultado da soma. Ele queria adicionar: "Fico muito feliz com a inclusão desses alunos que, por muito tempo, ficaram 'guardados' e protegidos por suas famílias. Mas essas crianças precisam interagir, estar em convívio com outras de sua idade".

Uma dessas crianças era Caíke. O menino chegou para trazer ainda mais significado à escola e aos métodos do professor, que faz questão de trocar a decoreba pelo significado. Autista, ingressou no 6º ano e trazia defasagens provocadas por problemas de saúde, com transtorno global do desenvolvimento.

A mãe deu carta branca ao mestre. Afirmava que o filho estava ali para interagir com outras pessoas e que não seria preciso se preocupar com aprendizagem. As dificuldades eram muitas, o menino tinha poucos conceitos construídos em matemática. "Falei para ela que Caíke estava ali para sair uma pessoa melhor, mais eficiente, muito mais independente, mais feliz", explica Luiz.

E assim foi. Reta numérica, ordenação até cem, antecessor e sucessor, pirâmides, esfera e paralelepípedo. Imagens ajudavam o menino a entender adição e subtração. O professor avaliava a evolução do estudante:

> O aluno desenvolveu as atividades, a princípio, com meu auxílio e de colegas, e a partir do 3º bimestre ele contou com uma mediadora. Mas como pensar em um conteúdo que fosse realmente significativo para o Caíke? Não tive formação para trabalhar com alunos incluídos. Passei noites sem dormir, mas não de medo, e sim de ansiedade para encontrar uma maneira de passar algum conhecimento matemático que fizesse sentido para ele.

O professor, atento em busca de uma resposta, sonhou em ver Caíke o mais independente possível. Uma pessoa com uma atividade profissional, talvez? Um jovem feliz? Certamente. Luiz Felipe buscou em sites de universidades mundo afora, analisou programas e aplicativos on-line com atividades matemáticas que fossem adequadas. Caíke tomava gosto em realizar as atividades diferenciadas, mostrava facilidade em trabalhar com o computador.

> Elaborei um material próprio para ele, com atividades de sites norte-americanos e também nacionais. Disponibilizava cópia para a professora da sala de recursos, que refazia as atividades no momento que se encontrava com ele. O material foi encadernado e entregue à família.

A cada ano, um passo. A evolução foi lenta, mas contínua. E a matemática ia unindo mestre e aluno:

> Com a ajuda de um estagiário, montamos uma calculadora do Material Dourado*, feito de garrafa PET e isopor. Ouvi de colegas que Caíke não aprenderia, que não iria transpor do concreto para o abstrato. Mais algumas noites sem dormir... Mas estavam todos errados, Caíke aprendeu a fazer contas de adição e subtração com reserva, sem utilizar a calculadora do Material Dourado.

Como quem valoriza um presente recebido, Luiz Felipe é enfático ao descrever as qualidades de Caíke: "O menino se rela-

---

* O Material Dourado tem como foco o trabalho com a matemática. Foi idealizado pela médica e educadora Maria Montessori.

ciona bem com os colegas, não é agressivo, respeita regras de convivência estabelecidas para todos os alunos. Como desejava a mãe, está preparado para conviver socialmente, interagir e ser amado por todos". Inclusive, um dos momentos mais aguardados pela turma durante o ano é a festa de aniversário que todos ajudam a organizar para o amigo: "Caíke é um menino extremamente carinhoso, atencioso, educado, e que tem potencial para desenvolver aquilo que desejarmos, dentro do seu tempo", elogia o professor.

Dizem que é nas dificuldades que se criam as conexões mais fortes. Com Luiz e Caíke, foi exatamente assim.

> Ele tem uma ligação afetiva muito grande comigo. Ele assistia a todas as reportagens em que eu aparecia. Por ter um olhar muito diferenciado com ele, comecei a perceber que cada um tem seu tempo, suas limitações e frustrações. Na minha trajetória profissional, vivi e oportunizei a realização de muitos sonhos e a ressignificação de outros. Realizei projetos bem-sucedidos e ainda tenho a certeza de que há muitos desafios a ser alcançados. A escola não pode ser um lugar que fomente a tristeza, que alimente o fracasso, que não respeite as individualidades. Passei a olhar cada aluno de um jeito especial.

TRANSFORMANDO HISTÓRIAS

O professor Luiz Felipe não mede esforços para transmitir conhecimento e motivar os alunos. Com criatividade e dedicação, realiza um trabalho que traz resultados, conquista prêmios, apesar de todas as dificuldades encontradas na rede pública de ensino. A falta de recursos ou de apoio na instituição em que você trabalha tem desmotivado você? É possível fazer diferente?

Com meus alunos na Educação Infantil, ensino e aprendo a cada dia; me sinto realizada e valorizada. Encontrei, nos pais, mais do que colaboradores: são verdadeiros amigos. Apesar de todas as dificuldades, devo ao magistério tudo o que conquistei e a pessoa que me tornei.

PROFESSORA LUCIANA CARVALHO DE SOUZA

DÉBORA ARAÚJO SEABRA DE MOURA

Débora é inclusão.*

* Livremente inspirado na história – de trabalho e inclusão – de Débora Araújo Seabra de Moura, a primeira professora de Ensino Fundamental do Brasil com Síndrome de Down.

Não sou eu quem diz, é João Ubaldo Ribeiro, escritor brasileiro:
"Raramente me emocionei tanto quanto ao ler pela primeira vez as histórias escritas por Débora".

Algo de muito bom você deve ter feito na vida para merecer que um imortal da Academia Brasileira de Letras escreva o prefácio de seu primeiro livro – e de maneira tão emocionada.

Débora fez. Fez muitas coisas.

Mas não é por ser escritora que ela está aqui, neste nosso livro.

Nem por ser atriz.

Nem por ser ativista.

Nem por ter palestrado em uma conferência da Organização das Nações Unidas (ONU).

Nem por ter virado personagem da Turma da Mônica, de Mauricio de Sousa.

Débora está aqui porque é professora. E das mais especiais.

***

Poderia começar a história da professora Débora tal qual o prefácio de escritor famoso. "Raramente, fiquei tão emocionada..."

Mas este texto não é sobre mim. Como todos os outros textos deste livro, ele é uma homenagem a pessoas que transformam outras pessoas e realidades por meio dos atos. É uma inspiração para tantos que precisam ser transformados.

Eu poderia começar este texto pela ordem cronológica, contando a vocês que Débora chegou ao mundo frustrando sonhos. A mãe, que desde sempre alardeava o desejo de ter uma menininha, ainda no hospital, logo após o parto, desejou com todas as forças que a filha tivesse morrido – como contou em algumas entrevistas a jornalistas.

O ano era 1981, e podemos dizer que a luta de Débora por aceitação e inclusão começa ali. A menina nasceu com um cromossomo a mais, e a família, surpreendida pela notícia após o parto, não estava preparada para uma criança com síndrome de Down.

Poderia contar, ufa!, que o amor falou mais alto, como sempre fala o amor para quem está disposto ou não tem alternativa senão ouvi-lo. A família concentrou esforços e carinho para que a criança desenvolvesse as potencialidades e criou até uma fundação. Pais e o padrinho tratando logo de providenciar estímulo: engatinha, menina. Força nesse pescoço, você pode. O irmão mais velho, como um bom irmão que se preze, convivia, não poupando nem amor nem briga.

Café com leite? Débora nunca foi. As palavras, articuladas de maneira um pouco mais lenta, nunca viraram frase completada por terceiros. Respeito pelo raciocínio, pela evolução e pelo tempo. Seria um bom começo, esse, por meio do amor.

E se eu começar contando como foi o primeiro dia na escola regular? – escolha da mãe advogada e do pai psicólogo, justamente para que a filha não fosse estigmatizada em instituições para alunos com necessidades educacionais especiais. A menininha de traços diferentes, de olhinho puxado, a enfrentar curiosidade de criança, pergunta de criança, implicância de criança: mongol é quem nasce na Mongólia, um dia a professora precisou explicar. Será que Débora chorou e, agarrada ao pescoço da mãe, pediu para não ficar? Ou encarou o desafio, sem noção do desafio que encarava, com entusiasmo e inocência?

Posso também avançar no tempo, para a época em que uma jovem com síndrome de Down confrontava olhares enviesados de cabeça erguida, na faculdade, com coragem e ameaçando fazer greve para colocar fim às piadas, ao preconceito, e conseguir estudar.

Ou para quando essa mesma jovem, que já havia trabalhado em lojas e como recepcionista, batalhou por um estágio e se apaixonou pelas crianças que acompanhava nas salas de aula. O momento em que uma pessoa define a profissão que vai exercer na vida vale bem um início de texto, não é mesmo?

Penso que um bom começo, embora um pouco mais óbvio, seria o que nos trouxe até aqui. Débora vestida com a beca preta, a faixa azulada em volta da cintura, o capelo quadrado meio inclinado na cabeça, posando orgulhosa na frente do quadro-negro onde está escrita a palavra "magistério". O dia da formatura!

A formatura da primeira professora de Ensino Fundamental com síndrome de Down do Brasil.

Mas... e o primeiro emprego na área, em uma escola particular de Natal, no Rio Grande do Norte? A primeira vez "pra valer" na sala de aula, como professora auxiliar? Posso talvez começar com a "tia" Débora abrindo os cadernos, levando as crianças ao banheiro, estudando o planejamento das atividades, sentada na roda no pátio da escola com alunos do Ensino Fundamental, correndo com eles, ou simplesmente compartilhando histórias.

Contar histórias! Uma grande ideia! Que bonito seria desenvolver este texto a partir de uma noite de autógrafos. A vitória da escritora que se trancou no quarto por noites e noites, entre silêncio e segredos, a inserir lições de inclusão em fábulas. Vestido azul coberto por um casaquinho amarelo, batom discreto nos lábios, pega os livros com as mãos pequenas, abre na primeira página e assina. Que dedicatória será que escreve?

"Acredite nos seus sonhos!"

"Você é capaz!"

"A inclusão é importante."

"Seja feliz!"?

Por outro lado, um início forte e mais politizado poderia mostrar como Débora não teme desafios, nem aceita levar desaforo para casa. E se eu falar sobre as palestras no Brasil e no exterior, a participação em uma conferência da ONU em Nova York?

Melhor: posso descrever a coragem para enfrentar o menosprezo da desembargadora que questionou publicamente o que uma professora com síndrome de Down poderia ensinar às crianças. "Muitas coisas", respondeu Débora: "a principal é que sejam educadas, tenham respeito pelas outras, aceitem as diferenças de cada uma e ajudem a quem precisa mais".

Há também as aulas de interpretação e os aplausos depois de cada apresentação nos teatros da cidade. O convívio com a família, os amigos, os namorados. Entrevistas a revistas, reportagens na TV. Prêmio recebido na Câmara dos Deputados!

Tantos inícios possíveis para a menina que estreou na vida de maneira tão impactante.

Eu poderia também falar das minhas impressões sobre Débora. Eu, jornalista que se atém aos fatos; eu, escritora que imagina enredos. Percebo, ao ouvir as falas da mulher com síndrome de Down e das pessoas que convivem com ela, que Débora foi criada para o mundo, como devem ser criados todos os filhos.

Quer receber e doar.

Quer viver em plenitude.

Débora é extraordinária – como todos nós. E tem a capacidade rara de enxergar o potencial infinito que existe nela e em cada um. Parece não ter, e não lhe faz a menor falta, aquele filtro que insiste em dizer que não somos capazes, que vai ser difícil demais; ou seja, o filtro que nos limita.

Quem convive com pessoas que têm síndrome de Down costuma dizer que o cromossomo a mais é o cromossomo do amor. Eu acrescento: é o da força, da pureza, da gentileza, do acreditar e do acolher.

Este texto, de mil possibilidades, acabou sem nem mesmo ter um começo definido.

Na verdade, ele também não tem fim; até porque a professora Débora é pessoa que não para até realizar os próprios sonhos.

E sempre, para todos nós, há novos sonhos.

TRANSFORMANDO HISTÓRIAS

Professora Débora é especial. Mas todos nós somos. O que temos de diferente em nós é o que nos faz únicos. Qual é o seu diferencial? Como você pode utilizá-lo para melhorar os resultados no trabalho e na vida?

O professor é um grande intermediador e maestro na construção de saberes, um produtor de conhecimentos e sonhos na vida de seus alunos. É preciso compartilhar o que você sabe para que a educação de qualidade se multiplique.

PROFESSORA ALBA MARÍLIA DE LIMA CRUZ

JANETE MANDELBLATT

Descobri, depois de tantos anos, o verdadeiro sentido do magistério: a possibilidade de efetivamente contribuir na transformação, para melhor, da vida das pessoas com as quais o professor se relaciona, direta ou indiretamente, a partir de sua atuação no espaço educacional.

"Foucault. Sabe Foucault?"

Janete faz a pergunta e ela mesma levanta uma das mãos. O dedo indicador está dobrado, formando a letra F na Língua Brasileira de Sinais. A mão então continua o movimento, passa por cima da cabeça, para relembrar a careca notória do filósofo Michel Foucault.

A turma do curso bilíngue de pedagogia em português e libras do Instituto Nacional de Educação de Surdos (INES) entende perfeitamente o que a professora quer dizer. Não só compreende como também participou do processo de criação e validação do sinal. Deste e de muitos outros que hoje fazem parte de um dicionário especial.

Essa história começa dezenas de anos antes, quando Janete Mandelblatt, nascida e criada no Rio de Janeiro, decidiu que aprenderia inglês. *Good choice, dear Janete!* Sabemos que aprender inglês parece uma realidade bem distante, nada a ver com a ideia de ensinar filosofia, em português e na Língua de Sinais. Mas como prever por quais caminhos o destino nos levará ao que será nosso propósito e nossa alegria de vida?

O fato é que Janete aprendeu inglês. Ali, deu início ao hábito de se dedicar com afinco a tudo que faz, destacando-se e recebendo convite para dar aulas no próprio instituto. Cursava também a graduação em ciências sociais, mas se encantou pela sala de aula, pelos alunos e pela aprendizagem. A carreira de socióloga foi deixada de lado. Na época, ela nem imaginava que poderíamos acrescentar um "temporariamente" ao final dessa frase. Ela conta:

> Trabalhei por 38 anos na docência de inglês, sempre na rede particular, e durante todo esse tempo fui muito feliz. Tive alunos de todas as idades, de todos os estratos sociais, com os mais diferentes níveis de conhecimento e desenvoltura na língua inglesa e com as profissões e os interesses mais diversos. Dei aula em escolas, cursos de idiomas e principalmente no Ensino Superior.

As aulas aconteciam enquanto a vida corria. Trabalho, casa, três filhos.

> Sempre me dividindo entre os alunos e a criação de três filhos, só pude me voltar para a pesquisa mais tarde, quando as obrigações de mãe foram aos poucos passando a ocupar menos horas do meu cotidiano. Dessa forma, foi só em 2005 que obtive o mestrado, resgatando os estudos em ciências sociais e unindo-os à experiência no magistério com a dissertação que defendi na Universidade Federal do Rio de Janeiro (UFRJ), na área da sociologia da educação.

Ainda viria o doutorado em ciência política, na Universidade Federal Fluminense, mas muito tempo depois, quando Janete estava com 67 anos. Antes, teve um sobressalto. Transformação daquelas que acontecem na marra. De repente.

Janete precisou se reinventar.

A instituição na qual trabalhava havia sido vendida. Os professores e funcionários seriam dispensados. Ela, que concluíra o mestrado havia pouco tempo, planejava continuar na ativa. A mudança pegou todos de surpresa.

Mas o destino... ah, o destino! Por vezes enviesado, meio oblíquo, sempre agindo na vida dos que têm coragem. E Janete foi pega de surpresa mais uma vez. Agora por uma boa notícia:

> Vim a saber que um curso bilíngue de pedagogia (libras/língua portuguesa), voltado para alunos surdos e ouvintes, com reserva de 50% de matrículas para cada segmento e com o objetivo de formar professores de crianças surdas, estava para ser lançado no INES. E que no seu quadro docente havia uma vaga, justamente na área das ciências sociais!

O incentivo de uma amiga foi reforço ao desassombro. A professora resolveu enfrentar o desafio. Tinha uma filha adolescente para criar e muitas coisas novas a aprender: "Decidi me candidatar, ainda que, na época, não soubesse nada a respeito da surdez e suas implicações e desconhecesse totalmente a Língua Brasileira de Sinais, então recém-reconhecida como meio oficial de comunicação dos surdos no nosso país".

Janete conquistou a vaga por processo seletivo e, meses depois, embrenhou-se ainda mais no cargo, por meio de concurso público federal. A mudança foi profunda: "Dali em diante, um novo mundo se abriu, me marcando de forma indelével. Conheci a comunidade surda e, com ela, a libras e um jeito diferente de ver o mundo, de viver, de aprender e de ensinar".

Professora Janete ensinava a ensinar – em salas de aulas com alunos surdos e alunos ouvintes. Aprendeu a Língua de Sinais e a contar com a parceria de um intérprete. Ministrar aulas em duas línguas de maneira simultânea não era novidade. Não era Janete destaque em inglês e português? Mas ela pondera:

> Lidar com o bilinguismo não era novidade para quem trabalhava com ensino de inglês há tanto tempo; o inusitado era não saber nada naquela outra língua, de modalidade visual e não auditiva, e desconhecer como apresentar e discutir temas acadêmicos nessa situação.

Aos 60 anos, a professora Janete aprendia a aprender. A movimentação na sala era diferente da que, depois de tantas décadas, havia virado costume. O tempo ganhou novo sentido. Era preciso falar mais devagar, dar pausas para que os surdos pudessem baixar a cabeça e fazer anotações sem perder os movimentos das mãos, da boca e do restante do corpo; nos diálogos, nada de vozes sobrepostas. Atenção total a cada palavra, para transmissão eficiente de conteúdo apesar da dificuldade de transposição para outra língua. "E o mais inquietante", explica Janete, "era buscar formas de interagir com os surdos, não apenas socialmente, mas sobre temas abstratos, numa língua desconhecida para mim."

Entender a linguagem acadêmica não é tarefa que os autores costumam facilitar. Termos técnicos, especificidades, preciosismo. Para os alunos ouvintes, palavras e frases já são densas, complexas, às quais por vezes é preciso voltar repetidamente para compreender. Para os surdos, a dificuldade é ainda maior. A libras acadêmica, tão necessária a esses estudantes cada vez mais presentes no Ensino Superior, ainda está em processo de formação.

Como se referir aos autores, por exemplo, sem que todas as letras precisassem ser soletradas? E capitalismo, antropologia, monarquia, pré-vestibular, morfema, morfologia e tantas outras palavras... como expressar esses conceitos em libras? A professora conta que não era apenas isso:

> O problema não se limitava ao estranhamento dessas pessoas, somando-se ao meu, perante os novos conceitos, frente a um idioma tão diferente. Ele se ampliava bastante pelo fato de que a libras ainda estava em processo de estabelecer uma forma academicamente legitimada e devidamente divulgada de nomear esses conceitos, assim como de se referir em sinais à maioria dos autores presentes na bibliografia da disciplina. A cada vez que um pensador era citado ou um novo conceito era apresentado, era preciso dar tempo para o intérprete soletrar em libras, antes de explicar quem era ou o que significava e, então, esperar para ver se alguém conhecia ou sugeria um sinal.

Para cada nova necessidade, uma sugestão. Em cada turma, processos de criação e aceitação diferentes. E o que se combinava em uma aula, para a próxima se esquecia. Janete detalha:

> Para complicar ainda mais, não havia nenhum instrumento de registro dos sinais que emergiam, e nada garantia que um sinal adotado em uma turma fosse aceito por outra, onde um sinal diferente poderia surgir; nem afiançava que os sinais em circulação dentro do INES fossem ou viessem a ser os mesmos em outros espaços educacionais brasileiros.

Janete não se deu por vencida. Arregaçou as mangas, buscou soluções. Imaginou que um glossário alimentado dia a dia, ao final de cada aula, poderia ajudar.

Fazíamos listas por escrito, revíamos os conceitos e treinávamos os sinais trazidos pelos surdos ou pelos intérpretes, para mantê-los na memória. Havendo mais de um sinal para um mesmo conceito, acatávamos todos, deixando que o uso viesse a consagrar um ou mais entre eles como sinônimos ou formas variantes.

A Língua de Sinais não é universal. Varia de país para país e, feito sotaque, de estado para estado – e, até que um sinal novo se estabilize, chega a variar de turma para turma. É uma língua viva, em transformação diária. Janete procurou interlocutores. Queria ampliar o projeto. Na parceria com a professora Wilma Favorito, e com docentes de outras disciplinas, encontrou a maneira de aumentar o vocabulário – o próprio e o dos alunos.

Sinais para conceitos e nomes de autores que costumam aparecer com frequência durante os estudos nas disciplinas relacionadas à pedagogia passaram a ser pesquisados e catalogados. Um professor surdo, membro do grupo, sugeriu o nome do projeto: *Manuário* – um dicionário que registra o tanto de significado cabível no movimento das mãos.

Na prática, e a despeito do trocadilho, o *Manuário* é construído a muitas mãos. Alunos, professores e intérpretes, surdos e ouvintes, pesquisam os sinais, que depois são validados por uma equipe de professores surdos do INES. O passo seguinte é registrar, em vídeos gravados em estúdio, os movimentos da mão, as expressões faciais e corporais, e o que significam em língua portuguesa.

O trabalho não para. E o resultado está disponível em um site[*], que é organizado por área de conhecimento: estudos da linguagem, sociologia, antropologia, ciência política, história,

---

[*] Disponível em: www.ines.gov.br

educação especial, psicologia, tecnologia da informação, matemática, química, entre outros.

No verbete "Produção textual", por exemplo, os tópicos vão desde alfabetização até títulos. É possível descobrir que as mãos viradas para cima, pouco abaixo da altura do peito, em movimentos que parecem labaredas, significam "poesia". Em literatura infantil, mostrar os três dedos do meio, antes de levar as mãos à altura do queixo, balançando para cima e para baixo, é o sinal para Três Porquinhos. Na aba "Educação para a saúde", estão sinais usados para referenciar pandemia, coronavírus, distanciamento social. Na parte dedicada ao "Dicionário onomástico", um vídeo ensina que é preciso levar as mãos às sobrancelhas para referenciar Frida Khalo.

Para falar sobre a professora Janete Mandelblatt – 73 anos de idade, 52 de magistério, mais de onze mil alunos – é aconselhável aprender pelo menos outros dois sinais em libras. O primeiro começa com a mão aberta, dedos firmes, palmas viradas para baixo; enquanto sobe até a altura do peito, a mão vai virando. O segundo é o movimento de fechar uma das mãos pertinho do coração. Coragem e amor.

Para Janete, o desenvolvimento do *Manuário* tem sido um desafio instigante e recompensador:

> Foi no INES que descobri, depois de tantos anos, o verdadeiro sentido do magistério: a possibilidade de efetivamente contribuir na transformação, para melhor, da vida das pessoas com as quais o professor se relaciona, direta ou indiretamente, a partir de sua atuação no espaço educacional.

TRANSFORMANDO HISTÓRIAS

Você já se sentiu jovem demais ou com idade demais para realizar alguma coisa? Para estudar algo novo? A história da professora Janete nos mostra que sempre é tempo de realizar, de construir e de aprender. Nos mostra também que, em alguns casos, grandes obstáculos podem se mostrar uma bênção com o passar do tempo. Isso já aconteceu com você? Há alguma história da sua vida que gostaria de reescrever?

Uma placa de madeira, uns pedaços de tijolos quebrados, e três ou quatro crianças sentadas participando de uma brincadeira. De pé, à frente, com bracinhos curtos a escrever no quadro imaginário, estava outra criança. Sem saber, ela antecipava um ofício, se entregava ao propósito. Nascia ali a professora. Hoje, a placa virou tela, as aulas também são on-line. Mas a professora... continua professora. Não importa onde nem como e nem para quem. Importa o porquê.

PROFESSORA MONICK CRUZ NAZARETH

LUIZ HENRIQUE ROSA

Luiz Henrique é a força de um povo.*

* Livremente inspirado na história – de combate ao preconceito – de Luiz Henrique Rosa, professor que mapeou termos racistas ditos por alunos de uma escola do Rio de Janeiro para trabalhar a valorização e o orgulho de um povo.

Luiz Henrique encontrou uma maneira quase poética, repleta de significados e sentimentos, para valorizar a força de um povo, resgatar a autoestima dos alunos e mostrar que união, empatia, comprometimento e entrega transformam pessoas, lugares e destinos.

    O professor traz calma na voz, no olhar e nos gestos enquanto fala sobre assuntos fortes como racismo, *bullying* e escravidão.

    Parece tão simples e tão complexo, como uma força da natureza em estado latente; como tentativa de entendimento do que o futuro pode ser, por causa, e apesar, do passado que já foi.

***

MACACO.
PRETO SAFADO.
NEGRINHA.

Ler dói. Ouvir dói. Imaginar também dói. O ressoar das palavras na mente é chicotada. É a dor dos escravizados no banzo mortal da diáspora.

(Mas os que querem quebrantar a alma encontram resistência na força de um povo.)

Doeram em Luiz Henrique. As palavras, o preconceito, o racismo. O professor ouvia: de aluno para aluno. Até de amigo para amigo.

URUBU.
ASFALTO.
PETRÓLEO.

"Mas eu também sou negro, professor. Posso falar de boa!"
"Posso falar porque estou só brincando."

Luiz Henrique sabia da dor embutida em brincadeira. Dor de quem falava e de quem ouvia.

Eu posso? Eu sou?

Ah! O professor pressentia no outro. O professor também sentia.

Desceu os óculos da cabeça cacheada para os olhos pequenos e míopes. E, na tentativa de enxergar melhor o que ainda não via, decidiu:

Não pode.

Não pode. Foi assim que o projeto nasceu.

O professor de biologia pediu que cada um dos alunos de suas onze turmas escrevesse os apelidos pelos quais costumava se referir aos colegas. A surpreendente lista final, com suas mais de seiscentas palavras pejorativas, mostrou quão fácil é destruir a autoestima de alguém com uma "brincadeira". Na escola pública, em que a maioria dos estudantes era afrodescendente, foram os termos racistas os que mais apareceram: 360 deles.

360 chicotadas.

E, se trouxer sofrimento, qual é a graça?

Qual é a graça? Foi assim que o projeto ganhou nome.

Nas conversas com as turmas, a ideia conquistou adesão – e um entusiasmo que até surpreendeu. O professor primeiro tratou de relembrar batalhas. Contou aos alunos sobre uma grande rebelião, ocorrida quase dois séculos antes, no estado do Rio de Janeiro: mais de duzentos escravizados que trabalhavam em fazendas de café se rebelaram depois da morte de um deles, assassinado por um capataz.

O conhecimento sobre a Revolta de Vassouras trouxe brio e novo ânimo aos alunos.

FORTE.
NEGRO.
AUDAZ.

O passo seguinte inspirou empatia e responsabilidade. No quintal até então abandonado da escola, os alunos foram incentivados a escrever nomes e colar no muro. Não eram nomes quaisquer. Cada estudante contribuiu do próprio bolso com o valor necessário para a compra do pedacinho de mármore e "apadrinhou" um dos escravizados que participou da Rebelião de Vassouras. Manuel Congo, provável líder da rebelião, estava lá. Assim como Concórdia, Cesário, Pedro, Justino, Mariana, Rita, Emília...

Para os que não possuíam identificação, os jovens colaram placas com a inscrição "Deus sabe seu nome".

Na verdade, Deus sabe o nome original de todos eles. Os nomes pelos quais eram chamados por seus pais antes de serem tirados de suas terras, de seu país e de sua história.

FILHO.
IRMÃO.
COMPANHEIRO.

O terceiro passo do projeto, inicialmente mantido por meio de pequenas doações feitas pela comunidade, ensinou sobre consequências. As turmas plantaram sementes relacionadas ao Brasil, como o pau-brasil, o café e a noz-moscada. Mas a África não foi esquecida. Por meio do ciclo da couve e da alface, por exemplo, professor Luiz Henrique fez sentir a morosidade dolorosa do tempo usurpado: noventa dias. O mesmo tempo que os negros, trazidos à força de Moçambique, suportavam durante a viagem nos porões dos navios negreiros.

Quem consegue xingar o outro quando se percebe na mesma pele que ele?

Quem menospreza alguém depois de tanta força, em meio a tanta dor?

DETERMINADO.
VALOROSO.
AMIGO.

Racismo não tem graça.

TRANSFORMANDO HISTÓRIAS

O professor Luiz Henrique resgatou a história de um povo, combateu o preconceito, fez com que os estudantes se orgulhassem de quem são e valorizassem os que estão ao lado. Para ele, o ensino vai muito além de cumprir carga horária e passar o conteúdo. Sabemos que não é fácil manter a motivação com tantas dificuldades enfrentadas pelos profissionais da educação. Mas sabemos também que é preciso tentar. Concorda?

É paixão, entrega, dedicação. Uma troca, um afeto, uma experiência. Tem missão, tem esforço, tem sabedoria. Sobretudo, é dom com transpiração e respiração. Dividir conhecimento é uma virtude extraordinária, pois vai além dos currículos, das ementas, das bibliografias. Ser professor é a magia da transformação do outro, de si, do mundo. Pode ser poesia, mistério, desafio. Também é brincadeira, diversão e alegria... Nessas tríades, tudo aqui é simbólico, pois a educação é assim: o início, o meio e o fim; o corpo, a alma e o espírito; o homem, a mulher e a criança. É o todo, a perfeição, a unidade.

PROFESSOR JULIANO AZEVEDO

LAYSA CAROLINA MACHADO

Eu peguei uma varinha e fui desenhando no chão onde eu estava, desenhando, desenhando, desenhando... Quando terminei, eu estava dentro de um castelo. E eu era uma princesa. E aí, como uma princesa, eu poderia sonhar.

O sonho de Laysa não é mais ser professora.

Na verdade, nunca foi.

Chegou às salas de aula pelo caminho que era possível: o curso de história era um dos poucos ofertados na pequena cidade em que vivia. Os pais, analfabetos, insistiam, como nunca haviam insistido em nada antes: "tem que estudar. É o estudo que muda o futuro".

Mudança era o que Laysa mais queria. A vida não era fácil. Definitivamente não era.

Quando criança, ela desejava *fazer parte*; mas faziam-na sentir que era diferente. A pele – de um tom de marrom meio único que só mais tarde ela descobriria ser tão bonito – e os cabelos bem escuros eram herança de pai negro e mãe indígena. Já os colegas de sala de aula eram descendentes de alemães: brancos, loiros, de olhos claros, assim com a maioria dos moradores da pequena comunidade na zona rural do interior do Paraná.

O dinheiro também era pouco, o que intensificava o distanciamento. Laysa, os pais e os dois irmãos vestiam o que era possível. Comiam o que era possível. Viviam o que era possível. Laysa não se conformava:

> Eu ficava sempre questionando o porquê. Por que eu nasci nesse lugar, se eu sou brasileira e o Brasil é pra todos? Por que eu que tenho que estar neste lugar de fome, de não ter condições? Por que eu nasci nesta família com uma mãe submissa e um pai lavrador, machista, esquizofrênico? Claro que não com esta lucidez que eu tenho agora, mas já tinha os questionamentos na minha vida. Por que eu sofro racismo? Por que eu não sou branca, negra, indígena? O que eu sou?

A menina se sentia sozinha. Na escola, enquanto as outras crianças brincavam e jogavam em grupo, sentava-se em um canto do pátio, deslocada, contando os minutos para o sinal que indicaria o fim do recreio e da angústia de se perceber sem amigos.

Na tentativa de preencher o espaço ocupado pela dor da solidão, a criança sonhava: um dia, iria embora. Um dia, seria atriz.

O sonho de Laysa sempre foi ser atriz.

Estreou nas peças encenadas no colégio, mas restavam-lhe os papéis secundários, a frase sem importância, a fileira de trás, escondida pra não destoar. Coadjuvante que sonhava em ser protagonista, a estudante decorava falas que não lhe permitiam dizer: "Eu, detestando pretos; eu, sem coração! Eu, perdido num coreto, gritando separação. Eu, você, nós... nós todos, cheios de preconceitos"*.

Ainda bem pequena e cansada de receber do mundo apenas o que era possível, Laysa percebeu que precisava buscar o que seria desejo.

---

* Trecho do poema "Deus Negro", de Neimar de Barros.

O que seria vontade.

O que seria direito.

Ela conta: "Eu peguei uma varinha e fui desenhando no chão onde eu estava, desenhando, desenhando, desenhando... Quando terminei, eu estava dentro de um castelo. E eu era uma princesa. E aí, como uma princesa, eu poderia sonhar".

Princesa Laysa. Nos pés descalços que tocavam o barro na rua sem asfalto, calçou sapatos lindos e delicados, com saltinhos tão altos quanto possível na imaginação de uma criança. Não pensou em cristal, porque cristal ela não conhecia. O tecido amarelo com toques de brilho do vestido rodado esvoaçava, enquanto a menina girava pra lá e pra cá, pra cá e pra lá. Laysa se deu coroa na cabeça, brinco de ouro nas orelhas e um cabelo bem longo, quase na cintura, arrumado com laços de fita.

Tão criança. E já sabia. O pensamento tudo pode; principalmente quando a vida tenta limitá-lo.

Acontece que, apesar da idade tão pouca, a menina que sonhava em ser atriz estava cansada de representar. Queria apenas – tanta coisa! – ser o que era.

E Laysa era, com todas as forças, uma menina.

Menina que nasceu com órgão reprodutor masculino.

A menina cafuza, pobre e em corpo de menino, que sofria sozinha no recreio, talvez ainda não soubesse, embora o desejasse, que ainda jovem deixaria a cidade. Ela se formaria na faculdade, passaria a dar aulas e assumiria, tempos depois, o cargo de diretora escolar – a primeira diretora escolar transexual eleita democraticamente no Brasil.

O processo foi mais do que longo; foi muito doloroso, como relembra Laysa: "Foi um processo de entender que eu tinha uma transfobia internalizada, porque, a princípio, eu sabia o que eu era, mas eu não queria ser o que eu era".

Laysa seguiu, alma de menina em corpo de menino, ainda fingindo, na busca pela aceitação da família. Aos domingos, frequentava a escola bíblica, a catequese:

> A igreja dizia que a transexualidade não era de Deus; a escola dizia que lá não tinha espaço; na família, jamais! Me silenciaram e eu também me silenciei o máximo que pude. Eu pensei assim: enquanto a minha mãe viver, eu vou protelando esse processo. Ela chegou a dizer que preferia que as pessoas a vissem morta do que ver que eu era o que diziam que eu era.

Laysa tornou-se professora porque insiste em caminhar, mesmo em caminho difícil. Enquanto se fortalecia para buscar os caminhos que a levariam a ser quem realmente é, percorria as trilhas que lhe restavam.

> Eu queria artes cênicas porque minha vocação sempre foi ser atriz, mas na cidade tinha pedagogia ou história. Eu gostei de história porque eu sempre quis entender a minha, quem era eu, de que história eu fazia parte, porque eu sentia que não fazia parte de nenhuma e precisava entender.

Passar no vestibular não foi problema para a aluna que sempre tirou notas boas na escola. Antes mesmo de terminar o curso, já dava aulas de história, geografia e teatro em uma tradicional escola particular. Mantinha-se firme no personagem: era o professor, que alguns enxergavam como um jovem gay não assumido. O nome foi deixado no passado:

> Muitas pessoas trans não se importam de falar o nome antigo. Eu me importo porque é um nome que foi me dado, e não o

nome que eu deveria ter. É um nome que me serviu enquanto personagem. Depois eu escolhi Laysa Carolina, que se aproximava do nome da minha avó paterna Luísa, uma avó curandeira, negra, quilombola.

Laysa, ao contar história, deixa claro que não é boa com datas e idades, mas a cronologia se fez exata a partir do momento em que decidiu se assumir e passar pela cirurgia de redesignação sexual. É como se a vida começasse realmente a contar a partir daquele momento. E foi no final do ano de 1999 que Laysa Carolina resolveu que era hora:

> Eu sabia quais seriam as consequências, mas paguei pra ver essas consequências porque não aguentava mais. Aproveitei as férias e mandei fazer roupas culturalmente conhecidas como roupas femininas e saí nos lugares de balada. Três dias depois foram na minha casa, já com a rescisão contratual.

Contrato cancelado com a escola, com a cidade, com a vida que não era dela. A demissão trouxe revolta, mas também liberdade. Laysa se mudou para uma cidade maior, disposta a fazer a transição, mas descobriu que algumas coisas da vida têm seu tempo próprio. Era preciso sobreviver e trabalhar. Um novo emprego, em um colégio de freiras, fez com que adiasse a cirurgia mais uma vez, mas a terapia hormonal começou a ser feita. Laysa mal podia suportar a espera:

> Fui sustentando aquilo até não dar mais. E o não dar mais foi em 2003. Troquei de colégio, comecei a dar aulas para jovens e adultos, já como professora Laysa. Inventei até que eu era hermafrodita, que meus pais do interior não tinham retificado

meu nome, aleguei que a justiça era demorada. No outro ano fiz a cirurgia de readequação genital, no dia quatro de julho de 2004.

Exatos 34 dias após a cirurgia, Laysa já estava trabalhando, assumindo a vaga conquistada por meio de concurso público. Sabia que o período de recuperação deveria ser bem maior, pelo menos um ano para a cicatrização interna, mas sabia também que seria julgada com um peso diferente por ser mulher, preta, trans. Não queria correr o risco.

> Só consegui retificar o nome em setembro de 2007; fiz um concurso ainda com o nome não retificado, consegui uma vaga em uma escola de Ensino Fundamental na periferia. No começo não fui acolhida por professores, alunos, por ninguém, mas eu era concursada, então tiveram que me tolerar. Era bem difícil. Risinhos e cochichos. No começo foi difícil.

Laysa, aquela que nunca sonhou em ser professora, mostrou que caminhos não escolhidos também podem ser percorridos com paciência, competência e dignidade. Aproximadamente dois anos depois, foi eleita – e depois reeleita – diretora da escola, por toda a comunidade escolar, formada por professores, pais e alunos. Acredita que ajudou a humanizar a escola e que hoje os alunos agem com naturalidade em relação à transexualidade, mas não costuma falar sobre o fato. O motivo, para Laysa, é claro:

> Não sou só transexual. Eles veem uma professora como qualquer outra, que está lá para ensinar história. Raramente eu falo a respeito de ser uma mulher trans porque o meu ativismo é

isto: a partir do momento em que uma professora cisgênero não tem a necessidade de falar "oi, eu sou uma mulher cisgênero", eu não tenho a necessidade de falar que sou uma mulher trans. Se algum aluno pergunta, eu respondo às perguntas deles.

Para Laysa, não basta mais somente o que é possível. Agora é ela que escolhe. Docente, diretora escolar, atriz, produtora, palestrante, escritora. Mulher, preta, indígena, múltipla, tem traçado o próprio caminho, projetado o futuro. No momento em que este livro é escrito, está decidida a não se candidatar mais à diretoria da escola porque acredita que já cumpriu a missão.

Como professora, anda cansada e desiludida:

Você não tem tempo pra nada. Eu tenho doze turmas, né? Então são muitos alunos. O que está nos consumindo, nos adoecendo, é esse ritmo de trabalho horrível, tecnicista, no sentido de transformar a educação em mercadoria, como se fosse fábrica, desumanizando a educação, educando para o trabalho apenas, educando para ser robô. Queria ter um tempinho a mais pra mim. Eu sempre pensei nos outros, mas eu quero dar uma parada e pensar em mim.

Laysa sabe que tem uma história tão difícil quanto inspiradora, mas diz que não tem a pretensão de inspirar alguém:

Eu acho que é muita ousadia, que a gente tem que ser muito pretensiosa para achar que pode transformar a vida de alguém, mas uma coisa bacana aconteceu no ano passado. Um aluno que tinha 13 anos e estava se entendendo como um menino trans, e a mãe também, tentando entender a respeito da identidade de gênero dele. Eu convidei ele pra assistir a um curta que eu fiz, a mãe deixou, ele foi e ficou muito emocionado. E eu sei que, de alguma forma, tocou nele alguma coisa.

A menina que desenhava castelos e se imaginava princesa ainda mora na mulher forte e decidida que hoje constrói a própria realidade.

> Quando casei no ano passado, eu quis fazer num lugar bem tradicional, voltado para elite. Era uma forma de falar pra comunidade LGBT que nós temos direito a todos os espaços que precisam ser ocupados; tenho o direito de casar, de me reconhecer como uma mulher trans, direito a estudar, ao acesso à educação sem ser importunada; direito à identidade de gênero dele ou dela. O meu ativismo é muito próximo da realidade. Não gosto desse ativismo de heroína ou herói. Tem é o mérito de ser uma pessoa que luta pelos seus direitos. E que precisa lutar.

TRANSFORMANDO HISTÓRIAS

A professora Laysa enfrentou preconceito e muitas outras dificuldades, e nos mostrou que a persistência é necessária para a conquista dos objetivos. O que você deseja? O que vai fazer para conquistar o que quer? Está no comando ou vai deixar que outras pessoas decidam a sua trajetória?

Sobre ser professor, estou com Riobaldo, em Grande Sertão: Veredas*, de Guimarães Rosa: quem ensina é um privilegiado, pois aprende sempre.*

PROFESSOR HUMBERTO BARBOSA DE CASTRO

CLEITON MARINO SANTANA

Comecei a ensinar xadrez com material reciclável no chão e nos corredores da escola e na mesa do refeitório nos horários vagos.

A concentração era total. O momento exigia silêncio e muita seriedade. De vez em quando era possível ouvir um sussurro, amplificado pela acústica da quadra, sempre seguido por um psiiiiiiu exigindo o fim de qualquer barulho.

Cleiton... Ah, Cleiton até tentou se conter, desviou o pensamento para outras coisas, olhou para o lado, baixou a cabeça, cantarolou mentalmente uma música, segurou a boca com as mãos, mas foi inevitável: explodiu em uma crise de riso.

O que estava fazendo ali, meu Deus do céu?! Apenas a presença do amigo Deivid e a cara de pau típica da idade impediam que o adolescente de 16 anos saísse correndo. Ele sabia que estava prestes a passar vergonha no primeiro campeonato de xadrez que disputaria na vida.

Não tinha quase nenhuma experiência. Aprendera a jogar havia pouco tempo, para dar continuidade a uma recente amizade iniciada à base de pedido de seu pai. Aluno novo na escola, Deivid estava com dificuldades que talvez o filho do secretário pudesse ajudar a resolver.

A princípio, Cleiton tentou enturmar o calouro, incentivando-o a participar das aulas de atletismo. Não deu certo. Ao perceber a falta de motivação do novo amigo para as corridas, fez a proposta que mais tarde transformaria sua própria vida: "Deivid não era muito bom em corrida e logo se desmotivou, foi então que eu lhe pedi que dissesse o que gostava de fazer. Ele me apresentou e me ensinou a jogar xadrez. Depois desse dia, minha vida mudou".

As partidas de xadrez passaram a ser diárias. 64 casas, metade brancas, metade pretas. Filas, colunas, diagonais. A dupla deu muito certo. Cleiton começou a vencer os outros estudantes da escola. Enquanto se tornava íntimo de rei, rainha, peões, e aprendia a controlar bispos e a domar cavalos, percebia que Deivid dava xeque-mate na insegurança e enfrentava a timidez. Cleiton conta:

> Ele me ensinou as regras e como jogar bem, e eu me destaquei rapidamente entre os demais alunos da escola, ainda perdendo, é claro, para ele. Percebi que, quanto mais ele me ensinava xadrez, mais melhorava a sua comunicação e se sentia mais motivado e confiante para fazer diversas coisas.

O cartaz de divulgação de um torneio regional em uma cidade do interior do Paraná chamou a atenção da dupla. Por que não? Eles não tinham nada a perder. Esperança de ganhar medalhas, eles também não tinham. A gargalhada em local e hora inadequados aconteceu justamente na abertura do evento, quando um Grande Mestre anunciou que os melhores participantes iriam para o campeonato estadual. "Olhamos um para o outro, morremos de rir e saímos do local. Eu disse: 'Vamos torcer para ganhar pelo menos uma partida, né?'. Demos muita risada mesmo."

Gargalharam, mas se entregaram ao jogo. Como rei que não pode ser capturado, como a jogada de mestre, como um lance do destino, venceram. "Eu não sei como, saímos vencedores em ambas as categorias e fomos para o estadual, e ficamos entre os melhores jogadores de xadrez do estado, eu em sexto lugar, e o Deivid, em terceiro."

O resultado, tão inesperado quanto riso frouxo em momento descabido, uniu ainda mais os dois amigos e deu um novo *status* à dupla. Os dois adolescentes passaram a ser competidores oficiais, representantes do município em torneios. E a mudança que percebia em Deivid fez com que Cleiton confirmasse logo cedo o poder transformador do xadrez.

> Nesse caminho, vieram mais três amigos, ou melhor, quatro: Alan, Rodrigo e Wesley, e o Marcelo, que não jogava xadrez, mas era tão legal que vivia com a gente. Juntos, mudamos a cultura na escola, colocando o xadrez em evidência, assim como os demais esportes, e passamos a viajar defendendo as cores do nosso município.

Como é natural acontecer, a escolha das profissões e das faculdades acabou por separar o grupo, apesar de todo o entrosamento. Enquanto Deivid continuava a jogar xadrez e a conquistar títulos, Cleiton se dedicava à área educacional e se tornava, como gosta de dizer, "um aprendiz de professor".

Mas todo mundo que um dia já se apaixonou intensamente sabe: basta um cheiro, um som, uma centelha, uma lembrança, e a paixão que se acreditava adormecida ganha nova força. Durante a faculdade, uma conversa despretensiosa trouxe de volta o xadrez. Cleiton passou a ensinar os outros alunos a jogar. Daí para os projetos sociais envolvendo o enxadrismo foi como um ataque à baioneta!

Depois da formatura, a vida de Cleiton mudou. Ganhou do pai uma passagem só de ida para o Mato Grosso. O xadrez, mais uma vez, precisou ser deixado de lado. Parecia haver coisas mais urgentes a fazer:

> Cheguei à casa de uma tia e comecei a ligar para todos os municípios de Mato Grosso para pedir um emprego. Bem, depois de 43 municípios, eu consegui um retorno positivo: existia uma vaga em uma cidade chamada Nova Santa Helena, que ficava 600 quilômetros ao norte, quase na divisa com o Pará.

Com a coragem de quem se percebe sem muitas alternativas, o rapaz sacolejou, horas e horas, em um ônibus, sem a menor ideia do que encontraria pela frente. O dinheiro que levava mal dava para comer. Cleiton relembra:

> Cheguei a uma cidade onde não pegava celular. A escola era tão pequena que não tinha aulas todos os dias, e minha carga horária deveria ser completada em um dia numa fazenda da região. Nem a diretora nem eu sabíamos onde eu iria dormir ou me alimentar. Me sentia sozinho e desesperado.

No entanto, eis que alguém volta, como para resgatar um amor perdido... A rainha, o rei e os peões! Havia uma vaga para professor de xadrez em outro município à espera de Cleiton. Parecia bom demais para ser verdade.

E era. Na nova cidade não havia conhecidos, nem muitas oportunidades. O conforto por trabalhar com algo tão íntimo era o que renovava as forças quando o jovem professor achava que já não poderia aguentar tanta fome e solidão:

> Sem conhecer ninguém na cidade, e sem ajuda financeira de ninguém, passei fome e dormi no chão em uma pequena quitinete.

> Por sorte, serviam refeição na escola e essa era a minha única comida no dia. Foi assim até que uma professora de história, chamada Elisabeth, me acolheu em casa e me tratou como um filho.

Cleiton seguiu. Tal qual um amante ingrato, bastava a vida dar uma guinada para que ele deixasse o amor pelo tabuleiro de lado.

Já sem tanto sufoco, dando aulas "normais", conheceu uma professora, se apaixonou e se casou com ela; passou em dois concursos e encarou nova mudança de endereço. Desta vez, não estava sozinho. O apoio da esposa tornava a responsabilidade maior, mas também mais reconfortante.

> E eu não via a hora de voltar a ensinar xadrez! Fui indicado para assumir uma vaga de educação física em uma escola municipal inserida num complexo de grande vulnerabilidade social. A instituição tinha mais de mil alunos e pouca estrutura para desenvolver qualquer atividade. Foi aí que eu pensei em incluir o xadrez. Sem nenhum material, sem sala, sem estrutura, sem praticamente nada, comecei a ensinar xadrez com material reciclável no chão, nos corredores da escola e na mesa do refeitório nos horários vagos.

Tempos depois, o esforço foi reconhecido. O projeto "Xadrez como ferramenta de inclusão social" acabou selecionado por uma fundação e os R$ 20 mil recebidos foram usados para transformar um banheiro em sala de xadrez. Deu até para comprar projetor, lousa e computador. Crianças que até então passavam grande tempo nas ruas se debruçavam sobre os tabuleiros, desenvolvendo raciocínio e foco.

E (olha que bonito!) quem recebia atenção também passou a dar. O projeto ultrapassou as fronteiras, chegou às outras escolas, e depois a outros municípios. Quem antes aprendia começou a ensinar. Os alunos se tornaram multiplicadores, levando o xadrez a estudantes que nem conheciam. O professor se recorda bem:

> Diante de muito trabalho, treinamento, eventos, competições, viagens, desafios com as famílias dos alunos e com a escola, o projeto teve destaque. Conseguimos ganhar prêmios nacionais e internacionais, mas o mais importante foi mudar a vida de muitas crianças. Os seis alunos que escolhi para serem monitores, por exemplo, além de se tornarem os melhores jogadores de xadrez do estado na época, agora fazem faculdade e estão encaminhados; agora têm uma perspectiva do futuro.

Com o sucesso do projeto, nova mudança. Cleiton recebeu o convite para morar em uma cidade grande, ocupando cargo na Secretaria Estadual de Esporte e Lazer, e incentivar a prática do xadrez. Os tempos mais difíceis são contados sem ressentimentos, mas, felizmente, ficaram para trás: "Me dedico atualmente aos meus estudos finais no mestrado, a escrever alguns livros, e ao que eu mais amo, minha esposa Edineia e meu filho Nikolas, que são a minha maior felicidade".

E aquele professor, que fez do xadrez um instrumento de transformação de vidas, também aprendeu a lição mais importante:

> Cada vez que eu me doo para ajudar alguém, eu recebo. Quando resolvi encontrar e conversar com o Deivid, eu achava que estaria ajudando ele, mas, no final, era ele que estava mudando a minha vida e a minha história. Quando eu me pus a ajudar aquelas crianças, tive a oportunidade de crescer profissionalmente de forma incrível. Hoje, sou grato por tudo.

TRANSFORMANDO HISTÓRIAS

Períodos de crescimento na vida de Cleiton aconteceram depois que ele se dispôs a ajudar outras pessoas. Você tem olhado para o lado? Incentivado outros profissionais? Compartilhado o que sabe? A vida é um fluxo e a generosidade é uma virtude. Acredite: quando mais você dá, mais você recebe.

VOCÊ TAMBÉM É UMA PESSOA INSPIRADORA!

ESTÁ NA HORA DE REGISTRAR A SUA HISTÓRIA.

Escreva SEU NOME aqui:

_____

Que frase você acredita que resume a sua história até aqui?

_____
_____
_____
_____

Toda história é capaz de transformar. Registre a sua:

Releia o que escreveu e reflita.
- O que sentiu ao contar e ler a própria história?
- Como a sua vida pode transformar a realidade de alguém?
- Quem são as pessoas que ajudaram a transformar a sua história?

Há algo que você deseja mudar em sua trajetória?
Escrever as ideias no papel pode ajudar você a desenvolver uma estratégia e a colocá-la em prática. Aproveite a inspiração e comprometa-se com seu futuro, com a realidade que sonha em construir. Busque o que vai trazer alegrias e sentimento de realização.

COMO OS PROFESSORES FORAM ESCOLHIDOS

Na verdade, eu os tirei da pasta amarela.

Coleciono, desde sempre, as histórias de pessoas reais que gostaria de contar um dia. Na adolescência, recortava entrevistas e relatos que me tocavam de alguma forma e os guardava em pastas de plástico amarelo. Não sabia por que ou para quê.

Depois, até pensava: quem sabe, um dia, eu escreva um livro?

Não sei em qual mudança de endereço as pastas amarelas se perderam. Tudo o que na minha cabeça poderia virar história passou a ser armazenado on-line. Um dia, um livro, quem sabe?

Quando dei por mim, os marcadores da caixa de entrada do e-mail catalogavam as histórias e entregavam: LIVRO professores; LIVRO médicos; LIVRO jornalistas; LIVRO sobreviventes; LIVRO...

Livro pedindo para ser. Eu pedindo para ser.

Meses atrás, comprei uma nova pasta de plástico amarelo. Como um baú de tesouro, fui confiando a ela algumas folhas com anotações, respostas para provocações, inspirações, sentimentos bons – e o passo a passo para a escrita de um livro.

O meu. Era hora.

A maioria dos professores homenageados aqui aguardava, há anos e sem fazer ideia disso, na pasta amarela. Não que suas histórias não merecessem ser contadas ao mundo o mais cedo possível; a espera decorreu da falta de tempo, preparo, iniciativa ou coragem desta autora.

Eu temia escrever algo que não estivesse à altura de minha admiração por eles. Queria que vocês os amassem assim como eu amo. E, sobretudo, queria que vocês fossem transformados, como eu fui.

Os anos de gestação deste livro também foram imprescindíveis para a confirmação das histórias, a checagem das informações e o acompanhamento da força e do alcance dos projetos. Para se ter uma ideia, dois dos professores sobre os quais eu gostaria de escrever inicialmente enfrentam, no momento, batalhas judiciais relacionadas à prática do ensino. Acompanho. Quem sabe possa escrever sobre eles no futuro?

Tentei entrar em contato com quase todos os professores presentes neste livro. Os que responderam as minhas mensagens foram extremamente solícitos, gentis, e me ajudaram muito, enviando textos, áudios, informações e citações. Confesso que compartilhei com eles os trechos escritos, para que opinassem antes do envio para avaliação da editora. Este livro é, acima de tudo, reconhecimento e homenagem. Era fundamental que eles gostassem.

Com Eunir, Luiz Henrique e Débora não mantive contato. Como expliquei na Introdução, nas histórias sobre eles, os principais fatos narrados são reais. Acompanhei, a distância e com admiração, quando foram expostos na mídia. Os diálogos são fictícios. A interpretação é toda minha.

A coragem, a doação e o amor incondicionais de Heley chegaram como força impossível de ser contida. Perpetuar a história dela, mesmo que fosse apenas da maneira como eu a imagino, já valeria o livro.

O professor Fernando me enviou vários áudios, que chegaram à noite, quando eu me preparava para dormir. Seria um clichê dizer que me fizeram perder o sono, eu sei. Também por isso, prefiro dizer que as palavras me despertaram. Isso. Despertar. Daqueles despertares que significam muito mais do que apenas não dormir.

Luiz Felipe mandou textos com a própria história, fotos, reportagens sobre a carreira e os prêmios conquistados por ele e pelos alunos. As fotografias – e o carinho e o orgulho com que se referia aos alunos – me ajudaram a enxergar o profissional que dedica a vida para alavancar a dos outros.

A professora Janete foi uma surpresa, daquelas deliciosas. Me contou sobre a criação do *Manuário*, mas também abriu o coração sobre as inseguranças de uma mulher que, aos 60 anos, precisou reinventar a vida, mudar de área e encarar um desafio e tanto! Janete me mostrou que sempre é hora. Sinto também que compartilhou comigo um pouco da sua coragem.

Laysa. Tão forte e tão frágil. Não sou capaz de imaginar o tamanho das dores que carrega, mesmo que tenha me contado detalhadamente algumas delas nas inúmeras mensagens de áudio que trocamos. Que linda e especial ela é. Que linda e especial ela sempre foi.

Nas fotos enviadas por Cleiton, é possível perceber ainda a carinha de menino travesso, mesmo no semblante do homem já feito há muito. Eu o imagino gargalhando antes da primeira competição oficial de xadrez; chorando, sozinho, assustado e com fome, no colchão fino no chão de uma quitinete; movimentando as peças da vida, como em um imenso tabuleiro de xadrez.

Fernando, Janete, Luiz Felipe, Cleiton, Eunir, Débora, Marly, Laysa, Heley e Luiz Henrique não são fortes demais, ricos demais, poderosos demais, famosos demais... e, mesmo assim, fizeram coisas extraordinárias com os recursos que possuíam (ou na falta deles), e inspiraram e mudaram a vida de outras pessoas.

São pessoas como você e eu.

AGRADECIMENTOS

Minha gratidão infinita a
Deus, criador e essência de tudo.
Evaristo e Léa, meus pais,
Gabriel, meu filho,
Jean Carlo, meu marido,
Eu sou porque vocês são. A minha maior bênção é esse amor incondicional e a alegria de ter vocês como companheiros de vida e evolução.

A Anderson Cavalcante e toda a equipe Buzz – da qual agora, com este livro, tenho orgulho de fazer parte.

A todos os professores.

Obrigada de todo o meu coração.

REFERÊNCIAS

Você acompanhou parte da trajetória de dez professores ao longo deste livro. Antes de cada uma das histórias, havia uma citação de outro profissional da educação, enviada especialmente para divulgação nesta obra. Vamos saber um pouquinho mais sobre esses professores:*

NOSLEN BORGES DE OLIVEIRA é formado em letras português/espanhol pela Universidade Tuiuti do Paraná (UTP). É um dos maiores nomes da educação on-line no Brasil. Em maio de 2021, contabilizava mais de três milhões de inscritos no canal *Professor Noslen*, no YouTube. [p. 13]

TATIANE ALVES DOS SANTOS é formada em pedagogia pela Universidade do Vale do Itajaí (Univali), de Santa Catarina. É responsável pelo perfil @mundodapedagogia, no Instagram, onde compartilha atividades criativas e o amor pela educação. [p. 19]

* Todas as citações e informações foram enviadas em maio de 2021.

SARA DO VALE é pedagoga formada pela Universidade de Brasília (UnB), no Distrito Federal, mestra em educação musical e compositora infantil. No perfil @professora_sara_do_vale, no Instagram, compartilha músicas, histórias e inspirações para outros professores e famílias. [p. 43]

JOSÉ ANTONIO MARTINUZZO é jornalista, escritor, psicanalista e pesquisador da Universidade Federal do Espírito Santo (Ufes). Pode ser encontrado no LinkedIn, na plataforma Lattes e no perfil @martinuzzo_ja, do Instagram. [p. 53]

ANA PAULA R. SCARPIM é pedagoga e psicopedagoga formada pela Universidade Tuiuti do Paraná (UTP). Atividades pedagógicas e ideias para aulas fazem parte do material que compartilha diariamente no perfil @professora.anapaula, do Instagram. [p. 61]

LUCIANA CARVALHO DE SOUZA é formada pelas Faculdades Integradas de Cataguases (FIC), em Minas Gerais, e se dedica à Educação Infantil. Compartilha projetos e sequências didáticas no perfil *Tia Lu Educacional*: @professora_lucianacarvalho. [p. 73]

ALBA MARÍLIA DE LIMA CRUZ é de Quixeramobim e se formou na Universidade Estadual do Ceará (UECE). Atua na Educação Infantil. No Instagram, o perfil da formadora é @professoraalbamarilia. [p. 81]

MONICK CRUZ NAZARETH é doutora em química ambiental pela Universidade do Estado do Rio de Janeiro (UERJ). Concilia a carreira acadêmica com uma paixão que virou novo ofício: ensina a fazer pães de fermentação natural no perfil @pimenta_quantica, do Instagram. [p. 91]

JULIANO AZEVEDO é mestre em estudos culturais contemporâneos pela Universidade FUMEC, de Belo Horizonte, Minas Gerais. É também jornalista, escritor e terapeuta. Seu perfil no Instagram é @julianoazevedo. [p. 99]

HUMBERTO BARBOSA DE CASTRO possui graduação em letras pela Pontifícia Universidade Católica do Paraná (PUCPR) e é mestre em direito pela Universidade Católica de Brasília (UCB). Na mesma universidade, atuou como Coordenador-Geral do Núcleo de Práticas Jurídicas. Não informou o contato. [p. 111]

FONTES Coign, Tiempos
PAPEL Alta Alvura 90 g/m²